AF457057

UN EXAMEN

DE

CONSCIENCE

PAR

M. FRANZ DE CHAMPAGNY.

(Extrait du CORRESPONDANT.)

PARIS

IMPRIMERIE D'E. DE SOYE ET Ce,

RUE DE SEINE, 36.

1849

UN EXAMEN

DE

CONSCIENCE

PAR

M. FRANZ DE CHAMPAGNY.

(Extrait du **Correspondant**.)

PARIS

IMPRIMERIE D'E. DE SOYE ET Cie,

RUE DE SEINE, 36.

1849

UN EXAMEN DE CONSCIENCE.

Triste champ que la politique ! triste sujet ! triste métier ! où les intelligences se fatiguent, où les cœurs s'aigrissent, où les passions deviennent âpres, petites, stériles !

Il faut cependant y revenir. Il y a un devoir à répéter sans cesse des vérités que les hommes s'obstinent à ne pas comprendre, à frapper du marteau de la parole ces cerveaux et surtout ces cœurs qui ne s'ouvrent pas, à tinter la cloche fêlée du danger public quand les nations se roulent sur leur oreiller et se bouchent les oreilles pour ne pas entendre.

Le danger pourtant, ne semble-t-il pas qu'il frappe tous les yeux ? La gazette de chaque matin vient sonner le tocsin à nos oreilles ; par ses avertissements et ses peurs si elle est conservatrice, bien plus encore par ses menaces si elle est révolutionnaire. Nous étions hier en état de siége ; et si l'état de siége de la cité n'est ni bien visible ni bien rigoureux, il y a un état de siége des esprits ; il y a un état de peur universel. La société vit sur le champ de bataille, non pas tant comme le brave qui doit combattre que comme l'homme désarmé qui doit être le prix du combat.

Oui, la France a peur. Mais, comme il arrive dans la peur, elle juge mal. Elle ne réfléchit pas. Et surtout elle ne fait pas, comme elle devrait la faire, la part de ses erreurs et de ses torts. Elle ne sait pas jusqu'à quel point elle est complice de ses ennemis. Elle ne sait pas ce qu'elle a fait pour eux, comment et combien de fois elle leur a donné la main. Si elle se rendait compte de ce qu'elle a fait pour eux, elle se rendrait compte aussi de ce qu'elle doit faire contre eux.

Les repentirs sont à la mode. Le château de Ham a entendu un acte de contrition princier, des plus honorables et des plus loyaux en même temps que des plus politiques. Mais le grand coupable n'est pas le coupable de Strasbourg ni de Boulogne. La faute est plus universelle et plus ancienne. Le peuple est l'artisan de ses propres malheurs, bien plus qu'un seul homme ne saurait l'être. Ninive est bien plus coupable que son roi. Quand Jonas viendra-t-il nous faire endosser le sac et la cendre, afin de sauver la grande cité où habitent cent vingt mille êtres humains qui ne savent pas distinguer leur droite de leur gauche ?

Je n'ai pas de prétention à un tel rôle. Je n'ai pas et je n'ai garde de m'arroger la sainte mission de descendre dans les consciences. Chacun de nous, sans exception, par ses vices, par ses désordres, par ses crimes, a sa part de responsabilité dans les calamités publiques ; ce ne sont pas, en définitive, les nations qui pèchent, ce sont les hommes : les fautes de la nature la plus intime, les désordres les plus essentiellement domestiques sont pour quelque chose dans les malheurs d'une nation, et selon l'ordre de la Providence comme des attentats qui doivent être châtiés, et selon l'ordre de la nature comme des germes maladifs qui se développent dans le corps social.

Mais il y a des fautes privées et des fautes publiques. Ce sont toujours les hommes qui pèchent; mais les hommes pèchent quelquefois dans leur vie collective ; ils pèchent comme nation et ils méritent d'autant plus d'être punis comme nation. Il faut, non pas pour la justice de Dieu, qui rend à chacun selon sa faute et juste selon la mesure de sa faute, mais pour l'instruction de l'homme, qui a besoin de ces grands exemples, que les crimes des nations retombent sur elles-mêmes. Les nations ne vivent que sur la terre et n'ont pas comme nous d'avenir immortel; il faut pour faire ressortir la conduite de la Providence qu'elles soient punies et récompensées sur la terre.

Ces fautes publiques sont du domaine de l'écrivain, même le plus humble et le moins qualifié. En confessant les torts de sa nation, il confesse en même temps ses propres torts; s'il parle le premier, c'est pour se frapper le premier la poitrine. S'il entre dans l'ingrat et amer labeur d'un examen des fautes passées de son pays, c'est qu'il le sait utile et nécessaire. Car, dans ces fautes, une part lui est presque toujours imputable : complice, s'il a adhéré ; et trop souvent provocateur, s'il a combattu.

Le mal qui nous tourmente, n'en sommes-nous pas les auteurs? Comment et jusqu'à quel point? Les faux principes qui s'élèvent contre nous, ne les avons-nous pas choyés dans notre sein? N'avons-nous pas travaillé pendant soixante ans à faire naître et grandir ces écoles subversives, ces véritables chaires de pestilence qui se transforment aujourd'hui en des camps armés contre nous? La révolution, le socialisme, le communisme, tout ce qui nous fait peur aujourd'hui, n'en sommes-nous pas dès longtemps les complices, par nos idées, par nos mœurs, par nos institutions, par nos lois? N'avons-nous pas creusé le fossé dans lequel nous sommes prêts à tomber?

Et par suite, si nous voulons éviter les chutes, ne devons-nous pas réformer en sens contraire nos lois, nos institutions, nos mœurs, nos idées? N'y a-t-il pas là à porter la cognée dans le vif de l'arbre? N'y a-t-il pas une réforme radicale à faire? Nous ne nous doutons pas, et je voudrais être sûr de bien faire comprendre quel air pestilentiel nous respirons; comment nous avons nous-mêmes imprégné notre atmosphère de ces miasmes révolutionnaires qui nous étouffent. Le socialisme et le communisme ne sont pas d'hier. Fourier ni Babeuf ne les ont pas inventés. Ils sont, depuis soixante ans, pour ne pas remonter au delà, dans nos idées, dans nos habitudes, dans nos lois. Nous nous plaignons que l'air nous manque : et la machine pneumatique qui soutire de nos veines le gaz qui les fait vivre, c'est nous qui l'avons construite, et nous tenons encore la main sur son ressort.

Voilà ce que je voudrais dire dans ce travail.

Mais pour reconnaître le mal il le faut bien caractériser.

Notre mal est triple, ou pour mieux dire il a trois noms : irréligion, révolution, socialisme.

Ce ne sont que les noms différents, ou tout au plus les aspects divers d'un même mal. La religion qui consacre l'obéissance, qui condamne le meurtre, la révolte, la violence, avait dû être oubliée, lorsque le principe révolutionnaire triompha, lorsqu'on en vint à proclamer implicitement et même explicitement le droit absolu, éternel, imprescriptible de l'insurrection. Et d'un autre côté, quand ce droit fut proclamé, il amena avec lui, par une conséquence logique qu'on n'a peut-être pas assez remarquée et que je tâcherai plus tard de faire ressortir, un droit absolu de gouvernement pour le pouvoir que l'insurrection avait fait et que l'insurrection n'avait pas encore renversé. Le despotisme n'est pas une réaction contre la révolution; il en est au contraire la conséquence la plus directe, le corollaire le plus rationnel, le fils le plus légitime.

Or, quand je cherche ce qu'est le socialisme, je ne vois pas autre chose en lui que le despotisme. On fait beaucoup trop d'honneur au socialisme en l'appelant une utopie. Le peuplier de M. Pierre Leroux et l'Icarie de M. Cabet sont des utopies, j'en conviens. Il y a là du moins l'idéal, peu tentant, il est vrai, d'une société quelconque; il y a quelque effort pour imaginer un système; il y a comme le calque, dessiné pendant un cauchemar, d'un ordre social différent du nôtre. Mais la masse des socialistes ne croit pas à cela. Elle nie tout simplement l'ordre actuel, et s'inquiète peu de ce que sera l'ordre nouveau ; et au fond l'ordre nouveau ne sera autre chose que l'ordre actuel, avec un changement de personnes. Pour légitimer d'avance ce changement de personnes, elle nie la propriété, elle nie la liberté, elle nie la famille, en un mot elle nie le droit; c'est ce qu'ont fait tous les despotes. Et j'estime que Nemrod, ce grand chasseur devant le Seigneur, et qui, disent les interprètes, donnait la chasse à l'homme, était un socialiste non moins distingué que M. Proudhon. Les Asarraddon et les Nabuchodonosor, qui transportaient des peuples entiers d'un pays à un autre et donnaient leurs champs à d'autres peuples, avaient évidemment sur la liberté, la propriété, la famille, des idées fort analogues à celles de la Montagne. Cette négation de tout droit humain, qui est le seul point accordé entre socialistes, qui est tout le *Credo* et toute la science du socialisme, cette négation avait été très-pertinemment découverte par tous les despotes asiatiques et européens qui se sont succédé depuis le déluge. Nous sommes persuadé que le schah de Perse et l'empereur de la Chine la professent encore aujourd'hui, et sont, sans qu'ils s'en doutent, des socialistes très-orthodoxes. Encore une fois, Fourier et même Saint-Simon ne sont pas des inventeurs.

Aussi l'alliance est-elle intime entre le socialisme et la révolution. Le socialisme a besoin de la révolution pour arriver, et la révolution ne peut produire autre chose que le socialisme, en d'autres termes le despotisme. Le socialisme a besoin qu'on détruise pour lui faire place, et l'esprit révolutionnaire ne sait faire autre chose que détruire. Il faut à la révolution quelque chose à renverser; et que reste-t-il à renverser, sinon la propriété, la liberté, la famille, en un mot le droit individuel auquel le socialisme fait la guerre? Il est clair que, si pendant quelque temps on s'était séparé, un malentendu seul avait pu amener cette brouille. Les deux idées s'embrassent aujourd'hui comme deux sœurs qui se reconnaissent. La révolution est le bras, le socialisme est la tête. La révolution ira se battre et le socialisme sera le vainqueur. La révolution saccage et le socialisme ramasse. De vieux souvenirs, un passé mal expliqué, un reste des préjugés de 1793 et des faiblesses du grand Robespierre, l'aigreur du dissentiment qui exista entre les Jacobins et Babœuf, avaient pu seuls troubler l'harmonie. L'harmonie est rétablie, et, sous les frais ombrages des estaminets, tous les enfants de la république rouge se sont donné l'accolade fraternelle.

Mais si le socialisme et la révolution se confondent dans ce doux embrassement, il est clair que l'athéisme ne saurait rester en dehors. Celui qui nie le droit de l'homme arrive à nier le droit de Dieu. M. Proudhon est en cela d'une logique parfaite : et, malgré trois ou quatre phrases soi-disant religieuses, prononcées *inter pocula* par certains orateurs, il est bien clair que le principe « *Tu ne tueras pas* » n'ira jamais aux révolutionnaires, ni celui-ci « *Tu ne convoiteras pas le bien d'autrui* » aux socialistes. Entre eux et le christianisme l'incompatibilité est invincible, et à leurs injures, à leurs blasphèmes, il est facile de voir qu'ils s'en sont aperçus. La religion du Phalanstère, toute de satisfaction égoïste, ne sera jamais la religion de l'Evangile, toute d'abnégation et de dévouement. Le mépris de l'homme est au fond de l'une; le respect et l'amour de l'homme est toute la pensée de l'autre. L'une se dispense envers l'homme même du simple devoir de la justice; l'autre s'impose envers lui le devoir supérieur de la charité.

Ainsi donc est venue d'abord l'irréligion, qui a établi l'indépendance de l'homme vis-à-vis de Dieu, et par suite vis-à-vis de toute loi morale ; ensuite est venue la révolution, qui, par une conséquence immédiate, a établi l'indépendance de l'homme vis-à-vis du pouvoir et vis-à-vis de toute loi écrite : en d'autres termes le droit absolu d'insurrection. Et de cette indépendance est sorti, par un retour aussi équitable qu'il était logique, l'asservissement le plus complet. S'il n'y a ni pouvoir divin, ni pouvoir émané de Dieu, il n'y a qu'un pouvoir au monde, c'est la force ; pouvoir changeant et précaire, mais, tant qu'il dure, illimité, irréfragable, absolu. Il n'y a plus de droit pour l'homme, par cela même que l'homme n'a plus voulu reconnaître de droit sur lui-même. C'est la négation de tout droit humain, le despotisme, le socialisme.

Voici donc notre triple maladie : mépris de Dieu ou athéisme, mépris du pouvoir ou révolution, mépris de l'homme ou socialisme. Le mépris sera toujours la forme de toutes nos plaies. Nous sommes toujours ce peuple dont M. Royer-Collard disait cette belle parole tant de fois citée : « Il nous manque deux choses : dans l'ordre intellectuel, l'attention, et dans l'ordre moral, le respect. » Il aurait pu ajouter que l'attention elle-même tient au respect pour la vérité.

Au milieu de tout cela, je n'ai pas nommé la démocratie. Si *démocratie* est un synonyme de *révolution* ou de socialisme, je n'ai rien à dire, je ne dispute pas sur les mots et n'ai pas la prétention de refaire Beauzée. Mais, si, sous le nom de démocratie, on entend autre chose, je ne sais pas trop quelle est cette autre chose à laquelle on déclare la guerre ; et je n'ai pas envie de m'enrôler dans cette croisade contre un ennemi inconnu.

Sérieusement, espère-t-on détrôner la démocratie? De bien bonne foi, rêve-t-on le jour où l'on aura un autre élément de l'état social que ce terrible élément démocratique, le seul que les révolutions nous aient laissé ? Il ne s'agirait pas ici seulement d'abattre et de détruire, ni de réformer, ni de corriger, ni de bâtir même ; il s'agirait de ressusciter. Ce n'est pas un édifice tombé à terre qu'on voudrait rétablir. C'est un arbre déraciné auquel on voudrait rendre la sève.

> Le Ciel même peut-il réparer les ruines
> De cet arbre séché jusque dans ses racines?

Une aristocratie ne se fait pas; elle se trouve. Je n'en sais pas une dans l'histoire qui ait seulement une date, bien moins encore une qui ait jamais été décrétée. Décréter l'aristocratie, c'est décréter l'antiquité. Créer une noblesse, ce serait créer un passé.

Me demandera-t-on si, quand je combats la révolution et le socialisme, je ne désespère pas non plus qu'ils soient détrônés? Non, certes, je n'en désespère pas. Dans la pensée révolutionnaire et dans la pensée socialiste, il y a une fausseté morale dont la vérité peut toujours avoir raison ; il y a une hérésie contre le bon sens, contre le droit naturel, contre la religion, en face de laquelle la protestation sera toujours utile ; en pareil cas, le combat est toujours un devoir, et la victoire est toujours une espérance. Si, au même point et dans le même ordre de conviction que je rejette le droit absolu de l'insurrection et la négation absolue de la liberté humaine, je pouvais me persuader que les hommes naissent essentiellement inégaux en droit ; qu'Adam avait un frère aîné, privilégié au-dessus de lui, et père d'une race privilégiée ; que non loin de l'arche roturière de Noé flottait une arche aristocratique, portant les représentants d'une famille plus noble que celle de Sem, de Cham et de Japhet ; que Jésus-Christ n'est pas mort pour tous les hommes ; que la vérité morale et la vérité chrétienne imposent nécessairement à la société, sous peine de péché, la conservation de certaines inégalités officielles et héréditaires ; si je pouvais croire tout cela : oui, certes, je ferais une guerre acharnée à la démocratie, et je ne désespérerais pas de sa défaite. Le chrétien lutte toujours contre le péché et l'hérésie ; et si la démocratie est hérésie et péché, il faut lutter contre elle sans repos, sans trêve, sans découragement, sans désespoir. Je ne serais même pas embarrassé alors de savoir où trouver une aristocratie ; car pour celui qui penserait comme je le disais tout à l'heure, cette aristocratie existe ; je ne sais où, mais elle existe. Elle doit être pour lui visible, marquée à des signes éclatants ; sinon sa doctrine est fausse. Il doit savoir la reconnaître, il ne s'agit plus pour lui que de la remettre en sa place.

Malheureusement, ni moi, ni personne n'avons de telles convictions. Les plus fougueux adversaires de la démocratie tiennent à injure qu'on les accuse de vouloir relever l'aristocratie. Que veulent-ils donc ? Ils accordent à ce pays-ci toutes les conquêtes démocratiques qu'il a faites depuis soixante ans ; que dis-je, depuis six siècles. Ils ne veulent pas revenir sur le décret de la Constituante plus que sur les Établissements de saint Louis. Songent-ils à rétablir les justices féodales ? pas le moins du monde. Les substitutions ? Dieu les en garde ! L'exemption de la taille ? Ils tiendront cette supposition à outrage. La suppression des charges héréditaires depuis 1789 ; l'égale admissibilité aux emplois depuis 1814 ; l'abolition des majorats depuis 1830 ; le suffrage universel depuis 1848 : tous ces degrés superposés par lesquels a grandi, non pas l'esprit, mais le fait démocratique ; et par-dessus tout le partage égal des biens, ce grand et terrible niveleur, sont pour eux choses acquises, enracinées, affermies, qu'ils acceptent, qu'ils embrassent même. Mais alors, ne comprennent-ils pas que le pays qui a admis tout cela dans ses lois et surtout dans ses mœurs, qui le garde si profondément enraciné que personne au monde ne songe maintenant à l'arracher, qu'un tel pays est un pays invinciblement démocratique ; et que prendre ce terrain pour guerroyer contre la démocratie, c'est perdre, dans une entreprise à la façon du héros de la Manche, ses forces, son éloquence et son temps ? Ce pays-là pourra en cinquante ans changer cinquante fois sa constitution politique ; au fond de toutes les constitutions la démocratie lui restera. S'il est en république, ce sera une république démocratique ; si la monarchie survient, la monarchie sera démocratique ; s'il tombe en dictature, ce sera une dictature démocratique ; s'il se repose sous le despotisme, le despotisme sera démocratique comme tout le reste et plus démocratique que tout le reste.

Il y a plus : si un fait légitime me paraît sorti de 1789, et je dirais volontiers qu'il n'y en a qu'un seul, c'est l'avénement de la bourgeoisie aux affaires politiques ; c'est le gouvernement de la démocratie. En 1789, la bourgeoisie venait à son temps ; elle était mûre pour régner.

La royauté s'était assez longtemps servie d'elle ; elle avait le droit de régler ses comptes avec la royauté et de lui demander à son tour un peu de ce pouvoir politique que, dans les parlements, dans les conseils, dans les camps même, elle avait travaillé à lui assurer. Elle était en droit également, n'eût-ce été que comme complément nécessaire à cette participation à la souveraineté, de réclamer l'égalité sociale avec une noblesse qui avait toujours des priviléges, quoique depuis des siècles elle n'eût plus de pouvoir. La bourgeoisie était mûre pour ce triomphe, par ses lumières, par ses richesses, par ses services. Elle était dans les conditions dans lesquelles un peuple peut légitimement réclamer sa part de la souveraineté, sinon la prendre.

Et elle ne l'a pas seulement réclamée, elle l'a prise. Elle n'a pas seulement demandé une partie du pouvoir, elle a conquis le pouvoir tout entier. Elle l'a conquis et elle l'a gardé. A travers nos mille vicissitudes, la bourgeoisie est toujours restée ou redevenue maîtresse. Elle est maîtresse à cette heure ; elle demeurera ou elle redeviendra maîtresse. Je ne crois pas au triomphe prochain, si ce n'est pour quelques instants, d'une démocratie plus avancée que la démocratie de 1789. Le règne des sans-culottes n'a jamais été et ne pourra jamais être qu'une orgie de quelques moments. La loi a beau être égale pour tous ; les inégalités de fortune, d'éducation, de condition ne peuvent disparaître ; et avec ces inégalités, la prépondérance du riche, de l'homme instruit, du bourgeois en un mot, au moins dans l'état normal des nations, subsistera.

Il faut donc nous résigner de bonne grâce, qui que nous soyons et de quelque part que nous venions, à cette souveraineté de la bourgeoisie. Elle est notre reine et maîtresse. Les révolutions l'ont momentanément ébranlée; mais en même temps les révolutions même les plus hostiles à son pouvoir ont témoigné de sa suprématie; car c'est toujours elle qui les a faites. Nous lui devons même cette justice, qu'avec des variations d'humeur infinies en ce qui touche les gouvernements et les hommes, elle n'a pas manqué, en ce qui touche le fond des choses, d'une certaine unité avec elle-même. Il ne faut pas la louer de son progrès comme il ne faut pas l'accuser d'inconsistance. A beaucoup d'égards, elle en est à 1789. 1789 a donné à la France les idées politiques, morales, administratives sur lesquelles elle n'a cessé de vivre. Il lui a donné, en principe du moins, la mesure de liberté, d'égalité, de démocratie vers laquelle, après toutes les oscillations, elle est toujours revenue. Prenez la masse de la bourgeoisie française, et surtout de la bourgeoisie parisienne, par laquelle en définitive la France a été gouvernée : elle a varié sur les questions d'hommes, de dynastie, de gouvernement, lesquelles sont affaires de goût. En fait de droit et de liberté politique, elle est toujours demeurée à peu près au même point. On disait sous la Restauration : « *Le pays est centre gauche* » ; et cela exprimait bien, dans le jargon parlementaire, la pensée de cette bourgeoisie, qui aimait médiocrement la liberté, beaucoup l'égalité, un peu la monarchie, pourvu qu'elle-même régnât sous le nom du roi : tout cela en 1829 comme en 1789, et en 1848 comme en 1829.

Maintenant c'est à cette souveraine, légitime ou au moins légitimée, que nous osons demander compte de son administration. Et comme nous sommes tous de cette bourgeoisie qui nous gouverne, ce compte devient forcément un examen de conscience. Qu'avons-nous fait, que faisons-nous, que font nos idées, nos mœurs, nos institutions, nos lois pour la paix et pour le bien public ? Que font-elles pour le désordre et pour le mal? En quoi nous prêtons-nous à ces trois grands conservateurs de la société, l'esprit religieux, l'esprit de gouvernement, et (je ne crains pas d'ajouter) l'esprit de liberté ? En quoi sommes-nous complices (et nous le sommes beaucoup) des trois grands ennemis de l'ordre social : l'athéisme qui méprise Dieu, l'esprit révolutionnaire qui méprise l'autorité, le socialisme qui méprise l'homme ? C'est cet examen que je voudrais faire dans les études qui suivront.

La question ainsi posée paraîtra peut-être bien générale, bien banale, et par conséquent bien inutile. Je tâcherai en la restreignant de la préciser, et par suite de la rendre bonne à quelque chose. Je tâcherai, sur tous les points, d'arriver à des conclusions pratiques ; de reconnaître ce qu'il y aurait à faire, non-seulement par l'action des mœurs, plus puissante et en même temps moins définissable, mais aussi par l'action des lois, plus faible, mais plus positive.

Dans un tel sujet, d'ailleurs, il peut se trouver une certaine part d'inattendu : il y a des découvertes à faire. Il y a dans notre conscience de nation bien des recoins dont nous ne nous doutons pas. Nous ignorons plus d'une de nos fautes et plus d'une de nos plaies. Tous les hommes ont besoin de dire à Dieu : *Ab occultis meis munda me :* « Purifiez-moi de mes péchés cachés. » A plus forte raison tous les peuples ; à plus forte raison la nation de toutes qui s'ignore le plus et se vante le plus.

DE L'IRRÉLIGION.

Le sujet serait vaste. Mais assez d'autres l'ont traité et leur supériorité est assez incontestable pour qu'il me soit facile de me restreindre. Quelles sont les plaies religieuses de la France ? Quels sont ses torts contre le Christianisme ? Tout le monde les sait. La confession est toute dressée : il ne lui manque plus que d'être signée du pénitent.

Quel est le remède à la plaie? Quelle peut être la réparation pour la faute ? Je n'ai pas besoin de dire que le remède, que la réparation doit être avant tout personnelle. Rien n'est plus puissant que l'exemple ; et sans l'exemple, rien n'est logique, par suite rien n'est puissant.

Mais, pour tracer ce devoir personnel, je suis sans mission. Encore une partie de ma tâche dont je suis déchargé. Je puis donc arriver tout de suite à ces conclusions positives et d'ordre politique, auxquelles je voudrais, autant que possible, que chacune de mes réflexions aboutît.

Un mot seulement sur les circonstances actuelles.

La bourgeoisie, en fait de religion comme en fait de politique, est prépondérante dans notre pays. Ailleurs le foyer de l'irréligion est dans la noblesse, ailleurs dans le peuple. Où est-il chez nous, sinon dans la bourgeoisie? Ce qui était jadis au-dessus d'elle se rattache toujours à l'Eglise, au moins par quelques traditions d'honneur et de famille. Ce qui est au-dessous, le peuple des campagnes, se rattache encore à l'Eglise, en beaucoup de provinces du moins, par une foi héréditaire, par une certaine simplicité dans les habitudes, par une certaine déférence envers le prêtre. Le peuple des villes lui-même a montré plus d'une fois qu'en fait de religion il ignore plutôt qu'il ne rejette; son aveuglement peut l'excuser. Mais l'irréligion savante ou soi-disant telle, l'irréligion qui a fait ses études et qui a son diplôme de bachelier, où se trouve-t-elle, sinon dans la bourgeoisie ? La bourgeoisie est donc responsable au plus haut degré de la place que tiennent en France le doute, l'indifférence religieuse, le déisme. Elle nous doit compte de ce qu'elle nous a ôté en fait de foi, comme de ce qu'elle nous a donné en fait de politique. Elle a fait notre catéchisme et notre code.

Son catéchisme, pas plus que son code, n'a beaucoup varié. Nous retrouvons ici ce caractère de persistance obstinée qui est propre aux classes moyennes. La révolution s'est faite sous l'influence de Rousseau ; elle n'a jamais menti à cette origine. Trois fois cependant, de grands coups frappés par la Providence ont paru avoir été compris. Les grandes époques d'irréligion ont amené les grandes catastrophes, et les grandes catastrophes nous ont valu des velléités de conversion et de retour. 1789, qui dépouillait l'Église et qui prétendait renouveler la société de fond en comble, sans que Dieu y entrât pour rien ;—les derniers temps de la Restauration, où l'on reprenait toutes les bribes du XVIIIe siècle pour les jeter à la face d'une dynastie suspecte de jésuitisme ;—enfin 1843 et les années suivantes, où la bourgeoisie, dérangée dans ses triomphes politiques et ses jouissances personnelles par le bruit que l'Église se permettait de faire, revenait une troisième fois à la charge et recommençait la guerre contre *l'infâme ;* — telles ont été depuis soixante ans les grandes époques de l'esprit irréligieux; et, comme par une infaillible loi, chacune de ces époques s'est terminée par un coup de foudre. La première nous a donné 1793, avec le double culte de la raison et de la guillotine ; — la seconde, 1830 avec sa révolution, 1831 avec ses sacriléges et quatre années d'émeutes sanglantes ; — la troisième enfin, les journées de Février et ce nouveau cycle de révolutions que nous recommençons à parcourir. Aussi, après chacun de ces coups, réveillés dans notre sommeil, troublés dans nos satisfactions égoïstes, ramenés à Dieu par la peur, il a semblé que l'avertissement nous profiterait. Mais après ces courtes oscillations, le pendule est bien vite revenu à son mouvement naturel ; le vieil esprit est remonté à la surface. En définitive, le cœur de la bourgeoisie n'a jamais été atteint ; une certaine masse compacte, inerte, ignorante, obstinée, base infime, mais fondamentale de la bourgeoisie qui nous gouverne, ne s'est jamais laissée ébranler dans sa vieille tradition voltairienne. Ceux même que l'heure du danger avait fait chanceler, le péril passé, ont été plus fiers que jamais ; ceux que l'adversité avait presque convertis ont été bien vite pervertis par la prospérité. Un peu de sécurité leur a rendu toute leur outrecuidance. Singulier peuple, qui n'a un peu de sens, un peu de raison, un peu de foi que sous l'empire de la détresse et de la peur ! Que son lendemain soit seulement assuré, son présent seulement tolérable : il revient à son insouciance, à sa folie, à sa corruption.

Nous sommes cependant aujourd'hui dans une de ces oscillations favorables, dans une de ces époques de réflexion et de repentir. Jamais coup de foudre n'avait été plus inattendu pour ceux qu'il frappait que celui de 1848 ; jamais révolution n'avait été moins préparée ; jamais sécurité plus complète, plus aveugle même de la part de la classe prépondérante, jamais recherche plus exclusive et plus imprévoyante des satisfactions personnelles n'avait précédé un réveil plus effrayant et plus subit. L'irréligion de 1789 avait Rousseau pour patron : elle avait de cet homme le parlage sentimental, la philanthropie hypocrite, l'égoïsme larmoyant. L'irréligion de 1825 et des années suivantes était, elle au contraire, toute pleine de l'esprit de Voltaire ; c'était l'incrédulité active, militante, critique, railleuse, se piquant très-peu de sensibilité, de cœur et de poésie, se donnant à cœur joie de ce prosaïsme, de ce sarcasme, de ce dessèchement du cœur au profit de l'esprit, dans lequel tombe si facilement le génie français. Mais quel nom donner à l'irréligion des dernières années de Louis-Philippe ? elle ne marchait sous la bannière d'aucun penseur ; car ce qu'elle détestait le plus, c'était la pensée. C'était la pratique, ce n'était pas la doctrine de l'irréligion. La bourgeoisie, victorieuse en 1830, délivrée de ses peurs de 1832 et de 1834, satisfaite, bien nourrie, corrigée des petites velléités religieuses que la peur lui avait données, maîtresse des élections, triomphant dans les Chambres, régnant dans les journaux : qu'avait-elle mieux à faire après s'être enrichie que de jouir, et après avoir joui que de s'enrichir encore ? Le vrai philosophe de cette époque, c'était Barême.

La bourgeoisie, devenue reine, ressemblait beaucoup à Louis XV. Comme lui, elle n'était ni violente, ni passionnée. Elle ne voulait que ses aises, mais elle les voulait imperturbablement. Elle se carrait sur le trône ; elle avait fait son canapé du pouvoir ; elle ne pouvait pas souffrir que l'on dérangeât un des coussins. Avec de telles dispositions, on devient ennemi de l'Eglise plus vite et plus facilement qu'on ne le pense. Louis XV n'était pas irréligieux ; il détestait les philosophes ; il détestait surtout les luttes, le bruit, le combat ; et Louis XV a bien fini par tendre la main aux philosophes qu'il n'aimait pas, aux jansénistes qu'il n'aimait guère, et par devenir pour leur compte persécuteur. Et la bourgeoisie, qui n'était pas plus méchante que lui, qui ne se souciait au fond d'aucun système, d'aucune philosophie, d'aucune idée, qui tenait surtout à ce qu'on ne troublât pas sa quiétude, et qu'on ne vînt la fatiguer ni d'un avertissement, ni d'une réclamation, ni d'une gêne, ni d'un reproche, ni d'un remords ; la bourgeoisie a fini, importunée du bruit que faisait l'Eglise, par lâcher contre elle toutes les colères de l'Université.

L'Église était importune et ingrate, il faut en convenir. On lui avait orné ses temples, on avait réparé ses cathédrales, on augmentait même le traitement de ses desservants, et elle n'était pas encore satisfaite. Elle se mêlait de contrôler le souverain qui la faisait vivre de ses bienfaits. Elle reprochait à cette bourgeoisie, reine de la France, de faire travailler ses ouvriers le dimanche. — Que lui importait? — Elle réclamait une certaine liberté d'enseignement votée, disait-elle, le 9 août 1830. — Qu'en feraitelle, et n'avait-elle pas assez de lire le bréviaire sans lire la Charte? — Elle demandait la liberté religieuse. — Qui lui avait permis de parler de liberté? — Elle demandait secours pour les souffrances du pauvre. — Elle était révolutionnaire. — En un mot, elle osait écrire, imprimer, parler, ouvrir la bouche, sans penser qu'il y avait des lois organiques qui la lui ferment. Elle parlait de dangers publics, de mécontentements à craindre, de paix sociale compromise. — On lui répondait : Nous avons des soldats. — De révolution possible. — La révolution s'est faite en 1830 ; celle-là sera la dernière de toutes. Nous n'en avons pas d'autre à espérer ni à craindre. — Mais la République qui vous menace? — C'est une chimère. — Mais le communisme qui vous envahit? — C'est un rêve. — Mais le socialisme qui est à vos portes? — Qu'appelez-vous de ce nom? — Mais le terrorisme qui relève la tête? — Votre terrorisme, votre socialisme, votre communisme sont des fantômes. Nous ne craignons au monde que le jésuitisme.

Ne nous faisait-on pas cette réponse? et n'est-ce pas ainsi que, pour ne pas voir les dangers réels de la société, on s'amusait à se faire peur de périls imaginaires? Les idées socialistes qui ont fait la révolution de 1848, qui font aujourd'hui tout notre péril et qui pourront faire notre ruine, ces idées, la veille de la révolution qu'elles ont produite, étaient, pour la plupart des hommes politiques, inaperçues ou dédaignées. Si on eût dépensé contre elles la moitié autant de verve, de talent, de passion ; si on eût parlé, écrit, agi, avec la moitié autant de zèle contre les communistes qui nous perdaient que contre l'Eglise qui travaillait à nous sauver, sans nul doute on eût échappé à la crise. Mais il n'en était pas ainsi. Le socialisme était une écorchure inaperçue que le malade sentait à peine au bout de son doigt; le jésuitisme était l'épouvantable fièvre dont il fallait à tout prix le délivrer. M. Proudhon, si toutefois on pensait à lui, était un rêveur assez inoffensif, qui eût été dangereux peut-être si on l'eût pris au sérieux, mais que personne ne prenait au sérieux. Et le glorieux archevêque, qui depuis, a donné sa vie pour son troupeau, était alors un séditieux des plus redoutables, contre lequel le *Journal des Débats* ne pouvait avoir trop d'attaques, les feuilletons trop d'injures, la cour trop de froncements de sourcils. On voyait triompher au delà du Jura la révolution ou pour mieux dire le communisme; et l'on n'en était pas fâché, parce que ses premiers coups tombaient sur des Jésuites; et le parti qui s'appelait conservateur, partagé entre ses intérêts de paix européenne et ses instincts de guerre irréligieuse, hésitait, se divisait, soutenait mal un gouvernement qui, cette fois du moins, avait mieux entrevu la vérité.

Et, au milieu de cet aveuglement, de cette sécurité sensuelle, de ce monde qui croyait pouvoir dire comme le vieil amant de madame du Barry : *Après moi le déluge !* la foudre de 1848 est tombée. De ce festin de Balthazar où nous étions assis depuis quatorze ans, nous nous sommes réveillés en révolution et en république. Nous avons eu alors un peu moins peur des Jésuites. Auprès de la milice rouge des clubs la milice noire des séminaires nous a paru moins redoutable. Nous avons vu dans leur sérieuse réalité ces fantômes du communisme et du socialisme, auxquels nous commencions tout au plus à croire, contre lesquels nous jugions encore les précautions inutiles. Nous avons compris que ces réclamations si persistantes, si vives, si acharnées, pour une réforme de l'éducation populaire et de l'éducation bourgeoise, n'étaient pas aussi insensées, aussi impolitiques, aussi inopportunes que nous l'avions cru. L'Eglise avait eu le pressentiment de l'avenir; pour être en dehors de la politique, elle ne l'en avait que mieux jugée.

On est donc venu demander à l'Eglise son aide, et l'on était sûr qu'elle ne le refuserait pas. On est convenu avec elle que sa parole, que sa doctrine, que son influence étaient nécessaires au salut de la société ; on ne l'a pas marchandée comme autrefois. L'homme qui se noie et à qui une barque porte secours, ne chicane pas le batelier sur la couleur de ses vêtements, et ne se demande pas si les rameurs qui l'auront sauvé ne porteront pas atteinte à sa liberté. Nous sommes venus à l'Eglise, et l'Eglise est venue à nous. Il ne tient plus qu'à nous que la réconciliation se fasse complète, abondante, utile, salutaire.

Quelles seront, dans l'ordre politique, les clauses de cette réconciliation ? Quelles institutions dans notre pays ont été viciées par l'esprit antichrétien et ont besoin d'être régénérées?

Au commencement de ce siècle, sous un pouvoir qui plus tard a pu mépriser l'opinion, mais qui alors grandissait sous la faveur de l'opinion, qui savait, lui aussi, tâter le pouls à la nation et la servir dans la mesure de ses désirs, qui savait donner l'impulsion, mais qui savait aussi la recevoir, qui connaissait bien la bourgeoisie et qui s'entendait, alors du moins, à la satisfaire : alors aussi une réconciliation et une réconciliation autrement solennelle avait eu lieu. L'Eglise avait reformé, trop tôt peut-être, son antique alliance avec la puissance politique. Mais la bourgeoisie qui, alors comme aujourd'hui, revenait à Dieu par haine des révolutions, avait eu peur d'y trop revenir. L'esprit du XVIIIe siècle était trop vivace ; les souvenirs de 1789 trop chers encore à la nation ; il y avait encore dans l'esprit public trop de colère révolutionnaire, pour que la bourgeoisie en restaurant l'Eglise ne prît pas contre elle ses précautions. Il y en eut trois principales : dans la famille, la loi anticatholique du divorce, legs révolutionnaire qui bouleversait dans sa base le mariage chrétien;— dans l'éducation, l'Université, institution tout à fait nouvelle, chose que personne n'avait encore osée, mais qui avait pour charge de conserver dans une mesure honnête l'esprit et les tendances du XVIIIe siècle; — et enfin, dans l'Eglise même ou autour de l'Eglise, le gallicanisme parlementaire, tradition de la vieille monarchie que la révolution prenait à son compte, legs de Louis XIV dont le premier consul se déclarait héritier. Ainsi Pierre Pithou revivait dans les articles organiques ; Voltaire et Rousseau étaient assurés, grâce à l'Université impériale, d'avoir des héritiers; et l'on maintenait par la loi du divorce le type de la famille telle que l'avait conçue le comte de Mirabeau.

De ces trois précautions prises contre le Christianisme, la dernière a déjà fait défaut. Il y a cependant dans la bourgeoisie voltairienne un certain faible pour le divorce. Au jour de son triomphe, en 1830, elle a été bien près de le rétablir. La Chambre des Députés l'a voté presque unanimement par deux fois. C'est la Chambre des Pairs, mutilée, impopulaire, dédaignée de l'opinion, qui a pris sur elle la défaveur du rejet et s'est risquée à nous rendre ce service. Mais, par un progrès des mœurs publiques dont nous ne nous sommes pas assez félicités, en 1848, une assemblée autrement populaire par son origine que la Chambre de 1831 n'a même pas laissé la question du divorce arriver jusqu'à sa tribune ; cette loi antichrétienne est tombée sous le dédain, sous la risée, sous l'oubli. La caricature en a fait justice. La Chambre républicaine et populaire de 1848 a donc eu un bon sens et un sens chrétien que n'avait pas eu la Chambre bourgeoise et monarchique de 1830; comme il ne faut pas oublier non plus que le peuple insurgé de 1848 s'est incliné devant le Christ, tandis que le peuple insurgé de 1830 a profané Saint-Germain-l'Auxerrois. Nous ne le savions pas, nous avions peine à le croire, mais nous le voyons aujourd'hui : pendant ces dix-huit années d'une immobilité apparente, l'Église marchait.

La loi du divorce, pour le dire en passant, est antifrançaise. Nos idées, à certains moments, ont pu accepter le divorce ; nos mœurs n'ont jamais accepté les gens divorcés ; nous ne nous sommes jamais faits, comme certains pays, à rencontrer une femme entre son mari de la veille et son mari du lendemain. Ici, le ridicule sert la morale ; et c'est une chose remarquable comment, avec des mœurs souvent altérées, avec cet esprit d'inconstance souvent reproché à notre nation, avec un goût d'indépendance personnelle qui ne nous a jamais manqué, la loi de l'indissolubilité du mariage, abandonnée par une si grande partie de l'Europe, s'est conservée ou a revécu parmi nous.

Vient ensuite la question de l'Université ; elle se débat à l'heure qu'il est, et je n'ai pas besoin de renouveler ici en passant toute une polémique sur laquelle j'aurais beaucoup trop à dire, si je voulais dire tout, et, si je ne voulais rien dire que de nouveau et d'utile, bien peu de chose à ajouter à ce qui a été dit. Pendant quinze ans, nous avons demandé l'éducation chrétienne, et, comme moyen d'arriver à l'éducation chrétienne, nous avons demandé la liberté. On veut nous accorder l'éducation chrétienne ; on ne nous accorde pas, au moins dans la même mesure, la liberté. Dans notre France révolutionnaire, qui n'est ni chrétienne ni libérale, il y a une chose qui a plus de peine encore à se faire jour que la religion : c'est la liberté. On accepte le but, mais on nous marchande le moyen ; on consent à aller où nous voulons, mais on hésite à prendre le sentier que nous déclarions seul praticable. Je n'appelle pas cela une transaction ; je l'appelle bien plutôt une expérience, une expérience dont nous pourrions ne pas vouloir si elle ne nous était proposée que par des amis ; mais une expérience qu'il faut bien que nous acceptions en fin de compte par cela seul qu'elle nous est proposée par des adversaires. Le mérite de la transaction, si c'en est une, ce n'est pas d'être signée par des catholiques, tant s'en faut ; c'est au contraire d'être signée par des universitaires. L'Église tentera, si Dieu, si le temps, si les révolutions le lui permettent, l'expérience que lui offre l'Université ; heureuse si cette expérience réussit et si, par un moyen ou par un autre, le bien se fait, si par un sentier ou par un autre on arrive au but ; mais, si elle ne réussit pas, prête à reprendre la route où elle marchait et se réservant le droit de la reprendre.

Et quant aux amertumes du débat qui a pu se produire entre catholiques, qu'elles nous soient du moins une leçon. Autrefois, dans une sorte d'emportement que nous croyions politique, nous n'avions jamais voulu donner de précision à notre pensée, définir ce que nous demandions, nous entendre sur ce qu'est la liberté et sur ce que sont ses limites : faut-il nous étonner, qu'au jour où un résultat peut sortir de nos réclamations, où il s'agit de déterminer le domaine et les limites de la liberté, questionnés par nos adversaires, nous ne nous entendions pas, et présentions le ridicule spectacle de gens qui, après avoir pendant quinze ans fatigué la société de leurs demandes, au jour où la société pense à les satisfaire, ne savent pas lui dire ce qu'ils demandaient? Nous repoussions la pensée des transactions; nous frémissions à l'idée que nos adversaires pourraient consentir à quelque bien et que nous accepterions d'eux quelque chose ; comme nos pères, nous prenions *tout ou rien* pour notre devise; nous disions qu'il nous fallait toute la liberté, sans du reste avoir jamais défini ce que comprenait ou ne comprenait pas la liberté : et nous nous étonnons maintenant qu'il y ait parmi nous des esprits intraitables, des ennemis de toute transaction; nous ne comprenons pas que c'est l'exemple commun qui les a formés, et le parti catholique gémit d'avoir fait de si bons disciples. Enfin, nous nous sommes complus dans toutes les vivacités et les amertumes de l'attaque; nous l'avons faite et nous l'avons goûtée, violente, emportée, personnelle; les conseils de modération nous ont paru des conseils de tiédeur et de faiblesse : et nous sommes surpris aujourd'hui que la discussion s'élève entre nous aussi vive, aussi violente qu'elle l'était avec nos ennemis; nous trouvons nos armes bien acérées, depuis qu'elles se sont retournées contre nous-mêmes. Nous en recevons de cuisantes blessures; pensons un peu à celles que nos adversaires en recevaient! Le parti catholique, qu'il me permette de le lui dire, porte la peine de ses anciens torts; il est contre lui-même ce qu'il a été contre ses adversaires, absolu dans les idées, âpre dans les formes, exagéré dans les jugements. Il a eu l'amour exclusif de la polémique, la haine des explications : qu'il ne s'étonne pas que dans son propre sein, lorsque les explications seraient nécessaires, la polémique seule se produise.

Mais il est une question encore intacte, sur laquelle il n'y a eu encore pour la foi, ni une satisfaction accomplie, comme sur la question du divorce, ni une satisfaction essayée, comme sur celle de l'enseignement. C'est la question de la liberté de l'Église.

Cette question (je demande encore pardon aux Catholiques de ma franchise), ils l'ont toujours oubliée. Elle a complétement dormi sous l'Empire. Sous la Restauration, ils ont laissé tomber le concordat de 1817, qui était du moins une réparation offerte à l'Eglise. Sous Louis-Philippe, la querelle de l'enseignement les a absorbés ; celle de la liberté de l'Église n'est venue qu'à la suite, et comme un accessoire aujourd'hui négligé. Et il se fait que maintenant, au milieu de ce qu'on appelle le triomphe de l'Église, sous un ministre qui lui est cher et qui lui inspire une légitime confiance, au moment où la philosophie universitaire affecte de pleurer la victoire que les Catholiques ont remportée sur le terrain de l'enseignement ; l'Église demeure dans la situation légale qui lui avait été faite en 1802, sous l'empire de ces lois organiques contre lesquelles proteste et a toujours protesté le Saint-Siége : elle reste toujours, selon les lois ou du moins selon les légistes, avec le ministre des cultes pour son chef légal, la déclaration de 1682 pour son symbole légal, le conseil d'État pour le juge légal de ses actes spirituels ; légalement incapable de de tenir un concile ; légalement privée de tous rapports avec le Saint-Siége ; en un mot, aussi peu romaine aux yeux des administrateurs et des légistes qu'elle l'était sous l'ancien régime aux yeux des parlements. Aujourd'hui encore, au moment où les congrégations religieuses cessent d'être repoussées de l'enseignement, leur existence légale demeure un objet de doute. Toutes les lois révolutionnaires qui les frappaient restent debout. Il leur sera permis d'enseigner ; reste à savoir s'il leur sera permis d'être. Et pendant que le ministre de l'instruction publique leur ouvre l'entrée des colléges, un procureur de la République, mal avisé, peut prétendre leur fermer l'entrée du territoire, en leur disant comme on disait aux premiers chrétiens : *Non licet esse vos.*

Je sais parfaitement qu'il ne faut rien hâter, et que tout ne saurait être obtenu en un jour. Je ne veux pas ici lever l'étendard d'une nouvelle croisade. Je ne suis qu'un humble soldat de l'armée chrétienne, attendant la parole de Pierre l'ermite et les ordres de Godefroy de Bouillon. La croisade, sur ce terrain plus que sur tout autre, a des chefs légitimes, nécessaires, profondément vénérés. Jamais réclamation ne fut faite avec autant de dignité, autant de mesure, autant d'accord, que celle par laquelle l'épiscopat, sous Louis-Philippe, protesta contre la législation de Pithou, renouvelée, commentée et embellie par le bureau des cultes. Par ces protestations, et plus encore par la protestation permanente du Saint-Siége, le terrain est admirablement préparé. Quand le moment sera venu pour une lutte active, si toutefois la lutte est nécessaire, la lutte trouvera dans les Catholiques un accord, une absence de toute hésitation, une résolution et une discipline qui ne pouvaient se rencontrer dans la question de l'enseignement. La question de l'enseignement était autrement humaine, autrement douteuse, autrement mêlée de considérations de ce monde, autrement voisine de la politique. Ici la question est nette; elle est chrétienne, elle est catholique, elle tient au fond même de l'Église, elle n'admet pas d'hésitation. Seulement ne laissons pas périr par notre silence des protestations qui doivent être toujours présentes à notre pensée. Si nous gardons le repos, que ce soit le repos de la trêve.

Mais encore est-il certains points sur lesquels nous ne pouvons, ce semble, nous accommoder du repos, quel qu'il soit. La loi du divorce était une atteinte à la pureté du mariage chrétien : mais nul n'était contraint à réclamer le divorce ni à profiter du divorce; c'était la liberté de mal faire, mais ce n'était que la liberté. L'enseignement constitué sur les bases universitaires est un péril imminent pour les générations naissantes; mais les générations adultes n'en souffrent pas d'une manière actuelle et directe. La servitude légale sous le coup de laquelle l'Eglise est placée révolte nos consciences, blesse notre équité, indigne notre foi; mais elle n'est pas telle, au moins dans le fait, que la conscience de chacun de nous soit opprimée, que l'Evangile ne se manifeste point librement, que les rapports personnels du fidèle avec l'Eglise soient interrompus : cette situation, quelque grave qu'elle soit, nous atteint sans doute parce qu'elle atteint l'association des Catholiques dont nous faisons partie; mais elle ne touche pas d'une manière directe et immédiate à notre conscience et à notre liberté personnelle. Elle ne nous constitue pas comme citoyens en état d'oppression, comme Catholiques en état de péché.

Mais il y a dans l'état social actuel, dans la législation et dans les mœurs, des atteintes, moins générales peut-être, mais plus directes et par conséquent plus intolérables, à la liberté du chrétien. La liberté de conscience est écrite dans toutes les chartes, et je me hâte de convenir que les consciences non chrétiennes sont parfaitement libres. Il est parfaitement libre à tout homme, dans quelque situation qu'il se trouve, de ne pas aller à la messe, de ne pas jeûner en carême, de ne pas se reposer le dimanche, de ne pas prier, de ne pas croire en Dieu. Je conviens que cette liberté existe en droit et en fait, d'une manière complète, absolue, assurée : et je ne m'en plains pas.

Mais la liberté des actes opposés, la liberté d'aller à la messe (quoi qu'en dise la chanson de M. de Béranger), la liberté de se reposer le dimanche, la liberté de prier, existe-t-elle pour tous, partout, en tout temps, en tout lieu?

Elle n'existe ni pour le soldat ni pour l'ouvrier.

L'Etat confisque en vertu de la loi la liberté du soldat. Ce n'est plus un citoyen libre; c'est un instrument, et l'État est l'artisan qui s'en sert. Servons-nous d'une comparaison plus douce : c'est un enfant, et l'État est le père qui le gouverne.

Ce devoir du père de famille impose le soin du corps et celui de l'âme, la garde de la vie et la satisfaction de la conscience. Or, le jeune paysan qui tombe au sort est chrétien; du moins, il est baptisé. Souvent il est resté fidèle à la foi de son enfance; il s'éloigne pour la première fois du clocher de son village, au pied duquel il n'a pas manqué de prier un seul dimanche. Sa conscience de chrétien, sa vie de chrétien, son pain de chrétien lui est-il assuré?

L'État, son père, l'envoie dans de lointaines expéditions. Il l'envoie en Afrique, dans le désert, loin de toute population civilisée, loin de toutes les fondations du christianisme. Là il combattra, il sera malade, il sera blessé, il s'étendra sur son lit de mort; il passera par toutes les angoisses de l'agonie. Il n'y aura pas une voix pour lui parler de Dieu; il n'y aura pas un prêtre pour le consoler au milieu de ses douleurs, pour le fortifier au milieu de ses périls, pour l'absoudre au moment de la mort. Un prêtre catholique! on ferait cent lieues sans en trouver un.

Ou bien encore : l'État, son père, le fait embarquer, l'envoie à cinq mille lieues sur un navire, l'expose aux tempêtes, aux combats de mer, aux maladies. Et sur ce navire, pas un prêtre à côté de lui; pas un cœur dans lequel il puisse déposer l'aveu d'une faute, pas une bouche qui puisse l'absoudre. Les soins paternels de l'État ont fait provision de vin et de biscuit pour son estomac, mais on a oublié le pain de son âme. Et s'il meurt, il mourra seul, sans une consolation avant d'expirer, sans une bénédiction sur son cadavre, sans qu'avant de jeter cet homme aux requins on ait eu l'air de se rappeler que cet homme était un chrétien.

Mais, du moins, au milieu de notre pays civilisé et chrétien, dans nos villes où l'église touche à la caserne, où il n'est pas besoin, pour assurer au soldat la liberté de sa conscience, de payer un aumônier, là il est permis au soldat d'être chrétien? Non; il faut que la matinée du dimanche soit pour lui plus remplie que celle de tous les autres jours. Le dimanche soir il sera libre pour aller au cabaret, il ne l'est pas le dimanche matin pour aller à la messe. Et cette courte demi-heure qui suffit à l'accomplissement de son devoir religieux, cette courte demi-heure ne lui est pas donnée.

Je ne prétends pas dire qu'il y ait là dedans mauvais vouloir : pas le moins du monde, il n'y a que mauvaise habitude et mauvaise tradition. Il y a défaut de respect pour la conscience de l'homme. On ne sait pas faire céder un détail de service, une difficulté administrative au principe de la dignité humaine et de la liberté chrétienne. On prive aujourd'hui le soldat de la messe comme autrefois on l'envoyait à la messe, bon gré mal gré. Le bataillon priait alors, aujourd'hui le bataillon ne prie plus ; mais, quant à l'homme, la règle est la même, il fait toujours ce que fait le bataillon.

J'ai parlé de la liberté de l'ouvrier. Ici, ce n'est pas à la législation que je m'adresse ; c'est aux mœurs. Je n'examine pas la question délicate de ce que l'Etat peut et doit faire pour protéger en pareille matière la liberté de conscience de l'homme qui travaille ; je réserve absolument cette question. L'Etat n'avait que trop donné le scandaleux exemple du travail du dimanche imposé au mépris de la liberté religieuse que l'Etat lui-même proclamait. Aujourd'hui ce scandale il le répare : dès avant la révolution de Février, le travail du dimanche avait cessé pour les travaux relatifs aux églises : le ministre des cultes avait senti que là du moins la violation de la loi religieuse était trop choquante. Le ministère de la marine avait également restreint le travail des ports aux six jours où l'Eglise le permet. Et dans ces derniers temps, une pareille mesure a été prise par le ministère des travaux publics ; et elle a été prise avec une franchise que je ne saurais trop rappeler. Nous ne demandons donc ici rien à l'Etat : l'exemple de l'oppression, il ne le donne plus ; la protection qu'il doit à la liberté ? je ne veux pas examiner ici quelle en doit être la mesure.

Mais je parle à la bourgeoisie, et la bourgeoisie n'a pas seulement la puissance de la législation, elle a celle des mœurs. Le fait est entre ses mains comme la loi. Et quand des millions d'âmes sont privées de l'accomplissement de tout devoir religieux ; quand elles sont constituées chaque semaine en état de révolte contre la loi de Dieu ; quand le travail du dimanche est si souvent imposé à l'ouvrier au détriment de sa conscience comme de ses forces ; quand l'apprenti, même celui qui est traité avec plus d'indulgence, est souvent retenu jusqu'à une heure, c'est-à-dire exclu de l'assistance au saint sacrifice ; la bourgeoisie, souveraine du droit et du fait, maîtresse des mœurs comme de la loi, encourt une grave responsabilité. Je crois volontiers qu'un progrès analogue à celui qui s'est fait dans l'administration s'est opéré depuis quelque temps dans les mœurs privées : que le scandale a diminué ; que la liberté de conscience souffre moins. Mais elle souffre toujours ; le mépris du jour du repos est toujours l'habitude dominante ; la loi promulguée au mont Sinaï est toujours ouvertement, scandaleusement, universellement violée.

Je me rappelle ici qu'il y a quelques années on inaugurait un chemin de fer. On parlait de faire la cérémonie un samedi. Il fut observé que parmi les assistants plusieurs étaient israëlites, et qu'il leur coûterait de s'absenter le jour du sabbat. On s'arrêta devant cette objection par un scrupule que j'approuve fort. Le départ fut donc remis au dimanche, à quatre heures du matin, sans que personne pensât à objecter que parmi les assistants il pouvait y avoir aussi des chrétiens, et qu'il leur serait pénible de passer la journée du dimanche sans remplir aucun devoir religieux. C'eût été sans doute pousser trop loin le scrupule de la liberté de conscience.

Je n'en dis pas davantage. Sur tous ces points, la liberté religieuse est blessée, la conscience souffre d'une manière directe, immédiate, intolérable, qui appelle et exige le remède. La nation qui, dans son gouvernement ou dans ses mœurs, continue de pareilles traditions, qui se rend chaque jour coupable de pareils actes de tyrannie irréligieuse, charge sa conscience d'un lourd fardeau. Pour ma part, je me sais bon gré de m'en être déchargé aujourd'hui. Il ne s'agit pas ici de théories constitutionnelles à satisfaire, d'une utopie à mettre en pratique, d'un mieux à atteindre et pour lequel on peut ne pas se presser ; il s'agit d'un devoir strict à remplir, d'une tache à effacer, d'une responsabilité à secouer, d'une iniquité à faire disparaître.

La tache est d'autant plus honteuse que le monde entier est en droit de nous la reprocher. Nous sommes les seuls au monde qui laissions sans secours religieux nos soldats et nos matelots ; nous sommes les seuls qui ne connaissions pas le jour du Seigneur. Ce sont là deux signes de réprobation que la révolution nous a laissés, et qu'il faut nous hâter de laver de dessus notre front. Nous avons réparé d'autres plaies ; nous avons compensé d'autres torts ; mais nous avons gardé cette marque qui nous fait reconnaître de prime abord pour le premier peuple révolutionnaire. La foule se presse dans nos églises; notre langage est plus respectueux envers la foi, notre politique plus chrétienne ; nos soldats délivrent Rome, et rétablissent la papauté dans ses droits ; cela est vrai, nous sommes une nation catholique. Et cependant l'étranger, qui voit nos boutiques ouvertes le dimanche, et les défenseurs de la papauté, de retour à Paris, privés du droit d'aller à la messe, ne trouve-t-il pas que nous sommes toujours les fils de Voltaire ?

Voilà, selon mon faible jugement, quelle dette a contractée, quels devoirs s'est imposés, de quelles réparations s'est rendue comptable envers le Christianisme, la bourgeoisie française, c'est-à-dire nous tous.

Il ne faut pas surtout qu'elle oublie que c'est elle qui est le premier auteur du mal. C'est elle qui en 1825 et depuis expédiait au peuple par ses colporteurs le *Voltaire des chaumières* et l'*Evangile-Touquet ;* c'est elle qui choisissait, pensionnait, choyait, soutenait contre l'Église ces 30 ou 40,000 instituteurs primaires qui sont maintenant, à titre de socialistes, l'objet de sa détestation et de son épouvante. A la fin du XVIIIe siècle, la noblesse a corrompu la bourgeoisie, et la noblesse a été rudement châtiée. De nos jours, la bourgeoisie a corrompu le peuple : que doit attendre la bourgeoisie !

Que cette fois enfin le sentiment de sagesse, de raison, de reconnaissance, qui nous ramène vers l'Église, soit plus durable qu'il ne l'a été à d'autres époques ! Que la prospérité, si la prospérité doit venir, ne nous corrompe pas ! Que le calme ne nous ramène pas trop vite à la sécurité, la sécurité à l'orgueil, l'orgueil à l'ingratitude, l'ingratitude à une chute nouvelle et à un retour plus douloureux et plus pénible encore ! Ne roulons pas éternellement dans ce même cercle de désastres et de repentir, de prospérité et d'oubli ! Ce serait un peuple misérable que celui que tant de révolutions n'auraient pas corrigé ! Terrible pensée et qui prouve jusqu'à quel point l'éducation du XVIIIe siècle nous avait gâtés, quel fonds d'orgueil et d'indocilité elle avait mis dans notre cœur ! Dieu a employé 93 pour nous guérir, et 93 n'a pas suffi ; que faudra-t-il donc dans l'avenir ? et quelle nation inguérissable que celle qui est sortie encore gangrénée de la main de ces rudes chirurgiens : Marat et Robespierre!

DE LA RÉVOLUTION.

Que nous soyons entachés de scepticisme religieux, il n'est guère personne qui ne l'accorde. Que nous soyons un peuple révolutionnaire, on ne le conteste pas non plus. Mais sait-on jusqu'à quel point le mal est profond, radical, étendu?

Ce que je vais dire, si j'avais le malheur de tenir une place quelconque dans la vie publique, je ne le dirais peut-être pas. Cela pourrait ne pas être politique. Mon obscurité fait mon indépendance, et je l'en bénis. Une bouche aussi inconnue que la mienne peut tout se permettre, même la vérité.

Nous parcourons à cette heure les redoutables anniversaires des journées par lesquelles notre révolution a débuté. Nous venons de traverser, à soixante ans de distance, le 5 mai où les États-Généraux s'ouvrirent, le 20 juin où fut prononcé le serment du Jeu de Paume, le 14 juillet où la Bastille fut prise. Nous serons bientôt au 6 octobre. Il y a soixante ans, la France donnait la première impulsion à ce mouvement révolutionnaire qui depuis soixante ans ne s'est pas encore arrêté. Faut-il célébrer ces dates comme de glorieux anniversaires? Faut-il les déplorer comme des jours de deuil?

1789 nous a faits ce que nous sommes. J'ai dit ailleurs avec quelle fidélité la bourgeoisie française, devenue souveraine, a gardé le symbole politique et philosophique de 1789; comme la mesure qu'elle adopta à cette époque, de liberté et de pouvoir, d'égalité et de hiérarchie, de religion et de doute, de vertu et d'immoralité, est restée pour elle le prototype du juste et du vrai. Un jugement sain sur 1789 est donc une des choses les plus nécessaires à la sûreté de nos vues, à notre appréciation du présent, à la direction de notre avenir, à la connaissance de nous-mêmes comme nation.

1789 a été l'avènement de la bourgeoisie. Ce que cet avènement avait en soi de légitime, je l'ai déjà dit. La bourgeoisie datait de sept siècles. Depuis ce temps, elle n'avait cessé de grandir, par ses travaux, par ses luttes, par son dévouement. Fidèle auxiliaire de la royauté, elle était bien en droit, à la fin, de partager avec la royauté. Dans une telle situation, son irruption au pouvoir n'était pas un fait moralement licite; mais son accession au pouvoir était un fait historiquement légitime.

Dire que la bourgeoisie devait arriver au pouvoir, c'est dire que des idées plus philosophiques et plus générales devaient désormais régir l'Etat; c'est dire que les principes de liberté et d'égalité devaient être proclamés. La bourgeoisie ne pouvait arriver au pouvoir que par des institutions libres, ouvertes à tous. Elle ne pouvait arriver au pouvoir, et demeurer en même temps l'inférieure d'une prétendue aristocratie, dépouillée elle-même depuis des siècles de toute puissance politique. Il fallait donc, de toute nécessité, revenir vers un passé qui avait paru oublié pour jamais, vers les états généraux et les institutions libres du moyen âge. Il fallait aussi, plus largement et plus solennellement que personne ne l'avait encore fait, transporter dans l'ordre civil l'éternelle notion de l'égalité chrétienne. Ainsi fût-on demeuré et dans l'ordre de la justice, et dans les traditions nationales, et dans les voies chrétiennes. On n'eût fait violence ni à l'équité, ni à l'histoire, ni à la religion

Et cette conquête, si naturelle et si légitime, était encore rendue facile par les dispositions personnelles du souverain. Par un phénomène bien rare, le pouvoir non-seulement souhaitait les réformes, mais poussait la condescendance, je pourrais dire l'humilité, jusqu'à demander qu'on lui en montrât la route. Il sollicitait l'impulsion, loin de prétendre la donner. Non-seulement ce n'était pas Pharaon fermant aux Israélites le chemin de la terre promise; il n'avait pas même l'ambition d'être Moïse pour les y conduire. Jamais prince n'eut un tel désir du bien et une si humble conviction de son impuissance à le faire. Défaut d'initiative sans doute funeste, mais dont la bourgeoisie n'avait pas le droit de se plaindre. Jamais donc, malgré des regrets et des résistances qui se rencontreront toujours, révolution ne trouva la porte ouverte aussi large; jamais souverain ne fit la route aussi belle aux réformateurs. Dans une monarchie comme celle que Louis XIV avait fondée, les états généraux convoqués, la révolution était déjà faite.

Que manquait-il donc au triomphe futur de la bourgeoisie? Pourquoi le peu d'hommes sages qu'il y avait alors ne marchaient-ils vers ces nouvelles destinées qu'avec des pressentiments sinistres? Nous que l'histoire a instruits, et qui jugeons par leurs fruits les fautes de nos pères, nous pouvons le dire. Ce qui manquait à la bourgeoisie, c'était une seule chose : l'éducation.

Je prends ce mot dans son acception la plus littérale. L'éducation politique manquait à son âge mûr, faute d'expérience; et surtout l'éducation morale avait manqué à sa jeunesse, faute de religion. Rousseau l'avait élevée. Elle avait appris à cette école le sentimentalisme de la corruption. Elle avait appris à se payer, en fait de morale, de phrases; en fait d'humanité, de larmes; en fait de fraternité, de sentimentales accolades. Elle n'avait que les vertus du théâtre. La rhétorique était sa religion, l'Académie son église. Le sens moral, dans ce qu'il a de vrai, de ferme, de sérieux, lui manquait. Tous les révolutionnaires, Robespierre y compris, étaient de l'école de Rousseau.

Le même maître avait fait l'éducation politique de la nation. La politique arbitraire et conventionnelle du *Contrat social* était bien la politique d'une nation qui, depuis cent trente ans, n'avait vu ni débats publics, ni guerres civiles, ni rien de ce qui fait la vie active des peuples; qui, dans les salons, les coulisses et les boudoirs, avait rêvé gouvernement, et qui réformait le monde avec un penseur Génevois, faute de pouvoir faire entre Français les affaires de la France. Les hommes du siècle de Louis XIV, qui ne demandaient pas, eux, tant de liberté, et n'avaient rien de cette ardeur pour les révolutions, avaient, beaucoup plus que leurs petits-fils, une notion de ce qu'est la liberté politique, et eussent pu beaucoup mieux qu'eux traverser un temps de révolution. Ces hommes, dont l'éducation morale avait été faite par un Christianisme aussi positif que la religiosité de Rousseau était vague, dont l'éducation politique s'était faite dans les agitations de la Fronde, bien plus sérieuses et plus profondes qu'on ne le croit, ces hommes n'ont pas écrit le *Contrat social*, il est vrai; ils ont peu écrit sur la politique; ils n'étaient pas libres de le faire, et surtout ils ne s'en souciaient pas. Mais il y a un grand sens dans le peu qu'ils ont écrit. Ils savaient accepter l'obéissance, et ils eussent été capables de la liberté.

Ce vice de la bourgeoisie du XVIIIe siècle éclata, non pas dans la suite des temps, non pas au bout d'une année ni de quelques mois, mais dès le premier jour. Cette souveraineté qui venait à elle naturellement, pacifiquement, sans briser le droit public reconnu jusque-là, elle ne voulut pas l'accepter, parce qu'il fallait l'attendre; elle aima mieux, dans son impatience, la saisir de force. Par la violence parlementaire du Jeu de Paume, par la violence populaire du 14 juillet, elle rompit brutalement avec un passé qu'il lui était si facile de continuer à son profit; avec une royauté qui, loin de la repousser, l'appelait; avec la justice que jusque-là elle avait eue pour elle; avec la religion qu'il lui était si aisé de se concilier; avec l'histoire dans laquelle, au lieu de rechercher ses titres, elle les brûlait. Elle se mit de gaîté de cœur sur le terrain de la révolte. Un peu d'expérience politique lui eût appris le danger d'une telle route, dans laquelle les violents peuvent être sûrs d'être brisés par de plus violents. Et à défaut d'expérience politique, un peu de sens moral, parlons plus simplement, une probité un peu sévère lui eût appris, bien mieux encore, à ne pas faire gratuitement appel à la force contre un ennemi qui n'ambitionnait d'autre titre que celui du meilleur de ses amis.

Le sens moral, que la bourgeoisie répudiait ainsi, chaque jour l'abandonna davantage. La révolution devint une sorte de dieu auquel tous les sacrifices durent être légitimement offerts ; et, sous l'empire de la fascination politique, cette société si douce, si larmoyante, si sensible, si sentimentalement, je ne dis pas sérieusement, vertueuse, arriva à voir toutes les atrocités avec un sang-froid que l'on ne comprend pas. Je ne parle pas ici de 1793, mais de 1789 ; 1789 fut plein de crimes. Les châteaux brûlaient ; le pillage se répétait de province en province ; les assassinats populaires se multipliaient de plus en plus ; le gouverneur de la Bastille et son insignifiante garnison avaient été égorgés de sang-froid, après une victoire qui n'en était pas une ; Berthier et Foulon avaient été massacrés à l'Hôtel-de-Ville, Belzunce à Caen, les gardes-du-corps à Versailles ; et tous avec des raffinements d'atrocités qui montraient assez combien cette époque était maudite. En un mot, le démon de 93 était déjà partout, et le crime sortait par tous les pores. Et cette benoîte Assemblée, occupée, dans sa philosophique solitude, à rêver des constitutions à la façon de Minos et d'Epiménide, et trouvant la police des assassins trop au-dessous d'elle, n'avait rien à dire ni à faire contre cette épouvantable anarchie : ces hommes si bienveillants, qui avaient respiré dans les écrits de M. Dorat et de M. le marquis de Pezay la sensibilité la plus exquise et le plus parfait amour de leurs semblables, versaient tout au plus quelques larmes sentimentales extraites de la *Nouvelle Héloïse ;* et puis s'en retournaient à leurs immortels travaux qui, en inaugurant une ère nouvelle pour la France, devaient la délivrer pour jamais du brigandage et du meurtre, bien mieux que ne l'aurait fait la prévôté. Avec une facilité merveilleuse, on prenait son parti des crimes du présent, tant on se croyait sûr de la prospérité de l'avenir. La vertu de ce temps-là, la vertu commode de Jean-Jacques se prêtait à de tels accommodements. On avait coupé M. de Belzunce en petits morceaux et on l'avait mangé ; c'était un malheur : mais encore deux ou trois semaines, la Constitution allait être faite, et, d'un bout de la France à l'autre, il n'y aurait plus que des frères confondus dans un éternel embrassement.

Il y eut peu d'hommes, il y eut cependant quelques hommes qui, après avoir compris comme les autres la nécessité d'une vie nouvelle pour la nation, avaient vu avec horreur les premiers pas de la nation dans cette voie. Ces hommes-là n'avaient pas plus d'expérience politique que leurs contemporains. Ils étaient seulement de véritables honnêtes gens; des gens d'une honnêteté plus forte, plus sérieuse, plus chrétienne; et leur honnêteté leur valait des lumières. Le 14 juillet et le 6 octobre avaient suffi pour les instruire : ils comprenaient toujours la nécessité des réformes; ils ne se jetaient pas dans une résistance inutile et insensée; ils n'abandonnaient pas les grands principes qu'ils avaient résolu d'appliquer à l'ordre social : mais ils comprenaient aussi la nécessité de gouverner, et ils sentaient que la nation était perdue, si l'assemblée, qui s'en était rendue la souveraine, ne savait faire face au double devoir de la réformer et en même temps de la contenir. Le souverain n'est pas seulement un législateur, c'est un guide. Et si, pour mieux s'occuper d'embellir le char, il en laisse tomber les rênes, il le laisse courir vers l'abîme. A mesure que l'Assemblée se refusait à comprendre et à pratiquer ce double devoir, ces hommes sages et dévoués allaient perdant l'espérance; ils reconnaissaient sur le front de la nation le signe de la colère céleste. Sobres d'enthousiasme et d'innovation, ils gardaient leur voix pour protester contre le crime et sauver par hasard quelque tête. Sauf ce petit nombre, tout le reste demeurait sous l'empire d'une fascination qui, pour être profonde, n'en était pas moins criminelle; et ce n'était pas Orléans ni Mirabeau, ces deux grands coupables, c'était Barnave, si courageux depuis, qui disait : *Le sang qui coule est-il donc si pur ?*

En repassant l'histoire de cette époque, que nous osons appeler glorieuse, et qui, dans les faux souvenirs qu'on nous a faits, semble presque avoir été une époque pacifique, je ne puis m'empêcher de céder à la consolante pensée de comparer notre temps avec celui-là. Au moins nous n'avons pas su prendre si facilement notre parti de crimes pareils. Au moins, le sang si indignement versé à la barrière de Fontainebleau a-t-il été expié par la détestation publique et par le terrible remède de l'échafaud. L'impunité de l'assassinat politique n'est pas encore un principe admis parmi nous. Dieu veuille qu'elle ne le soit pas à l'avenir! Mais alors pourquoi tant glorifier 1789? Pourquoi nous tant incliner devant cette révolution, œuvre de l'assassinat et protectrice de l'assassinat? Pourquoi ce respect banal pour une Assemblée, qui, après avoir usurpé la souveraine puissance, n'a pas su la tenir, qui a établi son pouvoir par la révolte et l'a laissé vaincre par l'anarchie?

Et, remarquons-le bien, les faits se traduisent en principes. Cette réforme commencée par la révolte, cette absolution donnée à toutes les violences populaires, devaient chercher une maxime qui les justifiât. Ce principe est celui qu'on peut appeler proprement le *principe révolutionnaire*. Ce n'est pas la souveraineté du peuple, c'est la souveraineté de la force. C'est le droit du succès. Quiconque a réussi, a réussi légitimement. Quiconque veut renverser un pouvoir en a le droit s'il en a la force. Ce n'est pas le droit de résistance, comme l'Angleterre l'a admis dans son code constitutionnel, comme les Etats-Unis l'ont pratiqué : la théorie d'un engagement mutuel entre le souverain et les sujets, de conditions positives et réciproquement jurées, dont la violation brise le pacte, autorise l'insurrection, confère le droit de fonder un nouveau pouvoir. Non: c'est le droit à la révolte, éternel, universel, absolu, sans conditions, reconnu dans la personne du peuple; et le peuple personnifié dans les 100,000, les 10,000, les 1200 individus qui auront mis quatre pavés l'un sur l'autre, et qu'on n'aura pas pu ou pas osé chasser à coups de fusil.

C'est là le principe révolutionnaire, et c'est là notre mal. De 1789, tout le reste est acceptable; tout le reste a été pratiqué; tout le reste a réussi quelque part. La liberté politique a fait la force, la grandeur, la gloire de l'Angleterre; elle vient de sauver de la révolution européenne un petit peuple, un état nouveau et chancelant encore, la Belgique, placée entre deux grandes nations que la révolution dévore. L'égalité civile et politique la plus absolue n'a pas perdu les Etats-Unis; la souveraineté populaire s'y exerce dans sa plénitude et n'a pas encore en soixante-dix ans enfanté une révolution. Mais, avec la légitimité d'avance proclamée de toutes les insurrections qui triomphent, avec la couronne placée par l'Assemblée constituante sur la tête des prétendus vainqueurs de la Bastille, avec sa faiblesse envers les coupe-tête des 5 et 6 octobre, avec cette absolution tacite donnée aux assassinats qui avaient la politique pour motif ou pour prétexte, avec de tels principes et de tels jugements, écrits une fois dans le catéchisme d'une nation et pieusement appris par elle; la révolution n'est pas seulement toujours menaçante; elle est nécessaire et inévitable. C'est le fait normal de la vie d'une nation; c'est la crise naturelle et par laquelle tout se dénoue. C'est l'état propre de la nation et auquel elle revient toujours. Tout le reste est factice, artificiel, précaire, provisoire. L'esprit de révolution est le seul fait qui dure ; il n'y a d'éternel que la destruction.

1789 a enfanté 1793; 1830 a enfanté 1848. Les révolutions se punissent les unes les autres. Le principe a été posé; et une fois posé, il a agi de période en période, avec une régularité presque infaillible et comme sous l'influence d'une loi mathématique. L'algèbre finira sans doute par lui trouver une équation. A travers ces ruines continuelles, ce qu'il y avait de légitime dans le mouvement de 1789 ne s'en est pas moins maintenu ou du moins a toujours fini par revivre. L'égalité, à chaque retour de la fortune politique, est entrée plus profondément dans les mœurs; la liberté, moins goûtée et peut-être plus nécessaire encore, a fait sa route comme par force, et a toujours été après chaque lutte la transaction forcée qui seule pouvait donner le repos. Mais surtout la souveraineté de la bourgeoisie a toujours fini par dominer. Malgré toutes ses erreurs et tous ses torts, il faut bien, les événements nous le montrent, que nous la reconnaissions depuis soixante ans pour notre légitime maîtresse. Les révolutions elles-mêmes, en quelque sens qu'elles se soient faites, ont témoigné, et n'ont même témoigné que trop, de sa souveraineté. Elle a fait le 10 août et le 31 mai, ou du moins elle les a laissé faire avec une complaisante mollesse qui était de la complicité; elle a donné son concours au 9 thermidor, qui sans elle n'eût été qu'un revirement de pouvoir entre Jacobins et n'eût servi qu'à faire passer des mains de Robespierre à celles de Tallien le manche de la guillotine; elle a préparé, par son admiration et son espérance, le facile coup d'Etat du 18 brumaire; elle a déserté Napoléon, et Napoléon est tombé; elle a condamné Charles X, et Charles X a dû s'exiler; elle a eu un caprice contre Louis-Philippe, et Louis-Philippe a disparu. Son règne n'est donc pas fini, sa puissance n'est pas abattue; et comme sa puissance, par malheur, ne se manifeste que par des révolutions, nous ne sommes pas au bout des révolutions.

Singulier pouvoir! le seul qui persiste en notre temps, le seul qui semble avoir pour lui la légitimité des événements et de la durée, la seule force acquise; et ce pouvoir ne persiste que pour détruire! Il gouverne depuis soixante ans et il n'a pas encore appris à gouverner. Sur lui seul on pourrait fonder quelque chose, et tout ce que l'on essaie de fonder, il le renverse. Il le renverse sans passion violente, sans savoir pourquoi, sans vouloir renverser et même sans savoir qu'il renverse. Souvent il n'agit pas : il laisse faire; il ne donne pas l'impulsion, mais il aide ; il ne prend pas le fusil, mais il applaudit à ceux qui le prennent. Et la révolution, une fois faite, retombe immanquablement sur lui. Pour avoir souffert le 10 août et le 31 mai, il paie son large tribut à l'échafaud de 1793. Pour avoir mis sur le pavois le héros du 18 brumaire, il a toutes les rigueurs de la conscription à supporter. Il paie les 100 millions en 1814, le surcroît d'impôt en 1830, les 45 centimes en 1848 : à chaque révolution son commerce languit ; sa boutique se ferme, quand sa vie n'est pas en danger. Et cependant il recommence ! Et aujourd'hui, où la leçon a été si dure et où il a payé si cher son caprice du 24 février, il est tout disposé à recommencer ; et la même circonstance se représentant, il aura exactement le même caprice ; et si une nouvelle révolution nous attend, nous ne la devrons qu'à lui. Elle ne sera imputable à personne autant qu'au commerce parisien ; sans lui, sans son amour du nouveau, sans ses bouffées de jacobinisme, sans son dégoût des personnes, sans son humeur fantasque, sans son ennui, sans l'aide de ses votes et de son uniforme, elle ne se fera pas. Mais soyez tranquilles ; ses votes et son uniforme viendront à l'aide, et elle se fera.

Pourquoi en est-il ainsi ? Parce que la bourgeoisie depuis 1789 est restée la même. Son éducation politique, à travers tant de crises, aurait dû se faire. Mais son éducation politique ne s'est pas faite, parce que son éducation morale est demeurée nulle. Cherchez le fond de la plaie ; c'est toujours le sens moral qui manque. Il y a quelque chose de beaucoup plus clair que la politique, c'est le devoir ; et c'est par la pensée du devoir seulement que les masses peuvent entrer d'une manière utile et intelligente dans la politique. En 1789, en 1792, en 1830, en 1848, aujourd'hui, le moindre sérieux dans les idées morales eût arrêté la bourgeoisie sur la pente révolutionnaire. Elle eût compris que pour un caprice d'opinion, pour un défaut de goût envers quelques hommes au pouvoir, il n'est pas d'un honnête homme de jeter dans tous les hasards d'une lutte révolutionnaire sa patrie, sa ville, sa famille, soi-même. Elle eût compris que si les insurrections peuvent parfois être permises, elles ne sauraient l'être pour de tels motifs ; qu'on ne doit pas faire un 14 juillet parce qu'on aime la figure de M. Necker, ni un 24 février parce qu'on n'aime pas le profil de M. Guizot. Sa conscience eût servi ses intérêts. Et, il faut bien le savoir, la conscience est un aide dont l'intérêt personnel lui-même a presque toujours besoin. Cet *intérêt personnel bien entendu*, par lequel certaines écoles veulent remplacer toute la morale, est une des choses les plus rares qui soient en ce monde. L'intérêt touche de bien près à la passion, et la passion est aveugle. L'égoïsme ne sauve rien, et ne se sauve même pas lui-même. Quand la conscience n'est pas là, on risque fort, en hygiène, la maladie ; en affaires, la banqueroute ; en politique, la révolution. .

Et ce manque de conscience, cette absence de sens moral a toujours été la plaie de la bourgeoisie. Le fond de sa pensée politique est justement ce que le sens moral réprouve le plus. Ce n'est pas la liberté, elle en ferait bon marché; ce n'est pas la souveraineté du peuple, elle n'y pense guère ; ce n'est pas l'égalité, car le nivellement avec ce qui était au-dessus d'elle lui est maintenant acquis, et le nivellement avec ce qui est au-dessous d'elle ne laisse pas que de lui déplaire. Le fond de sa pensée, de sa passion, de son inclination, de ses habitudes en politique, c'est *la révolution*, la révolution pour elle-même, la révolution érigée en principe et en dogme. Elle sait qu'elle a détrôné quatre souverains, mis à la porte six ou sept assemblées délibérantes , brisé je ne sais combien de constitutions. Elle en est fière, et elle caresse avec amour la pensée qu'au premier jour, au premier caprice, à la première mauvaise humeur, elle recommencera, avec la même légitimité, avec le même succès et aussi avec le même fruit pour l'avenir.

Il faut cependant qu'elle y prenne garde : à force d'abuser de la souveraineté que Dieu lui a donnée, elle l'usera ; elle ne sera pas seulement, comme elle l'a été en 1793, en 1830, en 1848, flagellée avec la verge qu'elle a faite, et la première à pâtir de la révolution qu'elle aura appelée : elle finira par y périr. Les conséquences de 1789, la liberté, l'égalité, le règne de la bourgeoisie, la souveraineté du peuple succomberont définitivement sous l'influence du principe destructeur de 89. La question est là ; il faut que tout le reste périsse devant le principe de la révolution, ou que le principe de la révolution soit répudié pour sauver tout le reste.

C'est une chose importante pour une nation que la manière dont elle juge son passé. Tous les hommes qui ont fait le panégyrique de 1789 se sont trouvés d'une manière ou d'une autre entraînés dans la politique révolutionnaire, ou du moins hors d'état de lui échapper sans se démentir. Il faudrait enfin être plus hardi et remonter à la source du mal. Le premier homme et la première assemblée qui ont proclamé le droit absolu de révolution et le mépris absolu des lois antérieures, se sont rendus responsables devant l'histoire des derniers excès où l'esprit de révolution pourra jamais arriver ; et quand je vois cet homme et cette assemblée placés, comme par un consentement unanime de l'admiration publique, au-dessus de tous les débats, de toutes les controverses, de tous les jugements, acceptés comme la raison suprême par ceux qui, dans le jugement des choses présentes, semblent être les plus modérés et les plus graves ; je ne puis m'empêcher de voir dans cette servile indulgence envers le passé un triste présage pour l'avenir. Les panégyristes de Danton et de Robespierre sont amenés à prêcher le rétablissement de la terreur; les panégyristes de Mirabeau en viennent toujours malgré eux à fonder l'instabilité éternelle et le règne éternel des révolutions. Acceptons de 1789 ses conséquences légitimes, salutaires, libérales; n'acceptons pas son principe révolutionnaire qui détruirait tout le reste en détruisant la société elle-même. Un jugement vrai sur les faits originels de la révolution est à mes yeux une condition nécessaire pour que la révolution ait un terme. On ne sort pas de l'abîme quand on ne l'a pas reconnu ; on n'est point absous de ses fautes quand on ne les confesse pas. La France a un grand acte de contrition à faire envers Dieu, envers le monde, envers elle-même. Il faut qu'elle dise avec le psalmiste : *Peccavimus cum patribus nostris.* Car elle a péché avec ses pères ; et tous, par nos éloges, par notre imitation, par l'allure de toute notre vie politique, nous avons pris notre part de la criminelle et si gratuite révolte de 1789. Je n'aurai pas foi à la conversion politique de la France, encore moins à sa conversion religieuse, tant qu'elle n'aura pas détrôné de son Panthéon le fétiche de Mirabeau. Elle aussi a besoin de brûler ce qu'elle a adoré et d'adorer ce qu'elle a brûlé ; il faut que l'idole de 1789 soit brisée pour que notre souveraine, la bourgeoisie, soit enfin admise au baptême.

LE SOCIALISME.

I

Que la France de 1789 soit irréligieuse, on ne nous l'aura guère contesté, je le suppose; qu'elle soit révolutionnaire, cela est indubitable : qu'elle soit socialiste, c'est ce dont au premier abord on peut douter.

Nous avons défini le socialisme : la négation au nom de l'État de tout droit humain. L'homme n'est rien vis-à-vis de la société, ou plutôt vis-à-vis du pouvoir qui la gouverne; ce n'est qu'un moyen, un instrument, un chiffre, un outil. A la société seule appartient le droit; l'homme n'est propriétaire vis-à vis d'elle ni de son bien, ni de son corps, ni de son âme; la société est seule et absolue propriétaire des choses, des hommes, des consciences.

N'y a-t-il dans nos lois, dans nos institutions, aucune trace d'une prétention pareille, aucune tendance vers ce but? C'est ce que nous voulons examiner ici. Nous considérerons d'abord notre législation révolutionnaire, telle qu'elle était au commencement de ce siècle et telle qu'elle subsiste encore en grande partie. Nous parlerons ensuite de ce que les vingt-trois années de gouvernement constitutionnel ont apporté de nouveau dans les idées, dans les faits, dans les lois.

Disons-le d'abord, cette prétention despotique dont nous parlons est vieille comme le monde. Depuis Nemrod, qui « fut le premier puissant sur la terre, » la propriété des biens, des corps et des âmes a été disputée à l'homme par le pouvoir. C'est en définitive la grande lutte, l'éternelle et l'unique question de la politique. Il n'est guère de pouvoir, même parmi les plus modérés, qui n'ait conservé dans le secret de sa pensée et dans le fond de ses archives quelques traditions de ce despotisme primitif; il n'est pas de temps ni de pays, si profondément asservi, où l'homme ait tout à fait renoncé à ses droits, et n'ait fait de loin en loin entendre quelque protestation en faveur de cette triple liberté, des biens, du corps, de la conscience. La lutte a toujours duré, elle durera toujours. Seulement, à mesure que la civilisation marche, il faut que le despotisme recule, qu'il voile ses prétentions, qu'il les cache sous des noms plus ambigus et plus honnêtes, qu'il les atténue, qu'il les restreigne. La part plus grande faite aux droits de l'individu est le signe infaillible du progrès social.

Toutes les tentatives despotiques sont donc des tentatives rétrogrades. Bonaparte, reprenant à la France la liberté politique, remontait simplement jusqu'à Louis XIV; la Convention, subordonnant l'homme à l'omnipotence de la patrie, rétrogradait jusqu'à Solon et à Lycurgue; les socialistes, lui déniant toute propriété et toute liberté individuelle, rétrogradent jusqu'à Nemrod et à Nabuchodonosor.

Avant 1789, les prétentions despotiques du pouvoir étaient écrites en tête du droit public. Louis XIV, dans ses instructions à son fils, lui recommandait de se considérer toujours comme le maître absolu de tous les biens possédés par ses sujets; en d'autres termes, comme le suprême et unique propriétaire de toute la France : quant aux hommes et aux consciences, on en a toujours fait meilleur marché que des terres.

C'étaient là les maximes du despotisme païen ressuscité par la Renaissance, qui avaient commencé à refleurir à la fin du XVe siècle, auxquelles le protestantisme avait apporté un puissant secours, que Jacques Ier avait rédigées sous une forme dogmatique, dont les rois Très-Chrétiens avaient pieusement hérité, et moyennant lesquelles les dernières traces de l'indépendance du moyen-âge, soit dans les esprits, soit dans les mœurs, soit dans les institutions, avaient été effacées. La pensée fondamentale était celle-ci : que le souverain n'est pas astreint aux mêmes obligations que ses sujets; que la morale privée n'est pas la morale des gouvernements; qu'il y a une conscience pour le serviteur et une autre conscience pour le maître; un évangile des hommes et un évangile des rois. Ces idées, dès le XVIe siècle, avaient pleinement cours dans toute l'Europe.

Maintenant, pour être juste envers l'ancienne monarchie française, il faut dire que rarement despotisme plus absolu dans ses maximes fut plus tempéré dans sa pratique. Si anti-chrétiennes que fussent leurs idées, les princes du XVIIe siècle étaient encore chrétiens; et, malgré bien des actes tyranniques, il est rare qu'un pouvoir absolu se soit mieux tenu en garde contre la tyrannie. La monarchie française (chose singulière après ces déclarations si directes et si menaçantes contre la propriété) était, dans le fait, fondée en bonne partie sur le respect de la propriété. Ce qu'elle tolérait d'opposition et de contrepoids avait la propriété pour base : et si le Parlement osait résister à la royauté, c'était parce que le Parlement, dépositaire des notions de justice, de droit, d'équité privée, était de plus détenteur de sa charge à titre de propriété personnelle, et inamovible sinon par une confiscation. On le disgraciait, on l'humiliait, on l'exilait; on n'osait pas le dissoudre, parce que le dissoudre eût été une spoliation. Ce qui restait d'indépendance politique avait donc le droit de propriété pour base et pour protecteur.

La Révolution nous a apporté le contrepied de ce que la monarchie nous avait donné. Avec des maximes profondément despotiques, la dernière avait une pratique assez respectueuse et assez douce. Chez l'autre, les maximes ont été admirables de justice, de rectitude, de respect de l'homme; mais la pratique a été d'une rudesse que la monarchie n'avait pas connue.

Oui, certes, ç'a été un jour digne de mémoire que celui où, pour la première fois, si je ne me trompe, dans les annales du monde, un roi et une assemblée publique, un gouvernement en un mot, ont solennellement reconnu qu'ils n'avaient pas sur l'homme une puissance absolue, irréfragable, illimitée : où ils se sont dépouillés, en termes authentiques et formels, de ces prétentions si chères à tous les pouvoirs, d'un haut domaine sur les biens, d'une puissance illimitée sur les personnes, d'une domination supérieure sur les consciences : où ils ont admis expressément que l'individu même le plus faible et le plus petit a un droit vis-à-vis du pouvoir, si haut qu'il soit; de la nation, si unanime qu'elle puisse être ; de la société, si étroitement, si anciennement, si saintement unie qu'on la suppose : où non-seulement un prince que l'on appela depuis un despote, mais un peuple, despote bien plus absolu, laissèrent dire en leur nom qu'il y avait, même vis-à-vis d'eux, même contre eux, quelque chose comme les Droits de l'homme. Il ne faut pas croire que les principes posés fructifient toujours; il ne faut pas croire non plus qu'ils soient toujours perdus. Une déclaration aussi nouvelle que celle-là était une grande chose. C'est le grand acte de l'Assemblée constituante, qui fait contrepoids à ses violences, à ses égarements, à ses faiblesses. C'est le beau côté de la Révolution.

Mais il fallait que la Révolution manquât à tout ce que ses principes avaient eu de noble et de légitime. L'alliance entre l'esprit d'équité chrétienne et l'esprit de révolte philosophique ne pouvait être ni sincère, ni sérieuse, ni durable. C'était une notion éminemment chrétienne que cette notion des Droits de l'homme inscrite en tête des lois; un peuple anti-chrétien ne pouvait y rester fidèle : et comme pour montrer que la méconnaissance du Christianisme était le vice fondamental de la Révolution, ce fut la haine du Christianisme qui inspira la première infraction éclatante aux maximes si solennellement proclamées. Quand il s'agit de remplir le vide des finances, l'Assemblée eut recours à une spoliation. Elle s'empara des biens de l'Eglise, démentant ainsi la loi proclamée par elle de l'inviolabilité de la propriété, et revenant aux vieilles doctrines des gouvernements despotiques, que Louis XIV exprimait ainsi : « Vous devez être bien persuadé que les rois sont seigneurs absolus et ont naturellement la disposition pleine et libre de tous les biens qui sont possédés aussi bien par les gens d'Eglise que par les séculiers, pour en user en tout comme de sages économes. » Seulement ni Louis XIV ni aucun de ses successeurs n'avaient osé faire, sur une si grande échelle, usage de ce droit régalien. On a beau jeu à être despote quand on est peuple. Le despotisme d'une assemblée, aussi large en principe que le despotisme royal, est en fait autrement hardi.

Je sais bien que des sophismes d'avocat furent mis en œuvre ce jour-là pour distinguer la propriété collective de la propriété individuelle ; et qu'on découvrit ingénieusement que l'État, qui n'a pas le droit d'ôter à un individu la centième partie de son bien, a le droit d'enlever à une collection d'individus tout ce qu'elle possède. Ces habiletés de palais firent grand honneur à ceux qui les professèrent alors, comme elles font honneur à ceux qui les professent aujourd'hui. Cependant la communauté en définitive n'est qu'un être fictif, l'individu est l'être réel; la communauté est propriétaire, l'individu jouit; la communauté a un droit, mais ce droit n'est que le droit des individus mis en commun. Vous feriez disparaître, légitimement ou non, la communauté; vous ne feriez pas disparaître ses membres. Vous auriez droit de dépouiller l'une ; de quel droit dépouilleriez-vous les autres ?

Et surtout, un gouvernement n'est pas libre, lorsque pendant des siècles il a tenu une propriété pour légitime, de la déclarer illégitime et de la briser. Tous les brocards de la chicane ne sauraient faire qu'un pareil acte ne soit une spoliation, qu'il n'ait d'une spoliation tout l'odieux, qu'il n'en attire tous les dangers, qu'il n'en amène toutes les fatales conséquences. Certes, la propriété de l'homme sur l'homme était autrement contestable, autrement entachée que la propriété de l'Église sur les biens que lui avaient librement donnés leurs légitimes possesseurs. Mais le pouvoir, pendant deux siècles, avait admis la propriété sur les esclaves; il ne s'est pas cru en droit de la déclarer illégitime et de l'anéantir. Et quand il a voulu effacer la tache de l'esclavage, il n'a pas voulu le faire sans une indemnité pour ceux qui avaient ce genre de propriété entre leurs mains. Aux yeux de la philosophie, leur droit avait été éternellement sans valeur : aux yeux de la loi, il avait la sanction de l'usage et la protection acquise du pouvoir. L'anéantir n'eût peut-être pas été, dans la rigueur philosophique des termes, une spoliation, mais en aurait eu toute l'apparence, tout l'odieux, tous les inconvénients, tout le péril. Ainsi, l'État dans ses jours de raison et de sagesse a reconnu un droit au propriétaire d'hommes, parce que pendant deux cents ans la loi avait tenu cette propriété pour légitime ; tandis que l'État, dans ses jours de passion et d'aveuglement, n'a voulu reconnaître aucun droit à l'Eglise sur des propriétés librement données, solennellement reçues, paisiblement conservées pendant douze siècles, mille fois reconnues par la puissance publique. C'est alors que l'abbé Sièyes leur disait : « Vous voulez être libres ! vous ne savez pas être justes ! » Et faute de savoir être justes, ils n'ont jamais été libres.

En effet, ce que l'Assemblée constituante avait fait ce jour-là, ses successeurs en révolution n'ont pas manqué de l'imiter. On a fait trop d'honneur aux Jacobins du supplice de Babœuf; cet égorgement n'était que la peine d'une certaine utopie particulière qui en ce moment-là pouvait les gêner. Mais la défense de la propriété et du droit individuel inquiétait fort peu les Jacobins. Robespierre avait une définition de la propriété dont les socialistes modernes s'accommoderaient parfaitement : « La propriété, disait-il, est le droit qu'a chaque citoyen de jouir de la portion de bien qui lui est garantie par la loi. » On ne voulait pas encore, il est vrai, faire servir cette commode définition de la propriété à l'établissement d'une communauté fraternelle comme Babœuf avait eu l'innocence de la rêver; on ne pensait pas à cela, et ce rêve était désagréable aux gouvernants. Mais on pensait du moins à se servir, à l'encontre des traîtres et des conspirateurs, du droit universel de l'État sur la propriété : et les traîtres et les conspirateurs, c'était, comme chacun le sait, toute la nation, moins Danton et une vingtaine de ses amis, selon Danton; moins Robespierre et une douzaine de ses amis, selon Robespierre.

Certes Saint-Just qui disait : « Celui qui s'est montré l'ennemi de son pays n'y peut pas être propriétaire; » les Jacobins qui décretaient le *maximum* et même l'impôt progressif; le Comité de salut public qui encombrait les prisons; Robespierre qui faisait mettre les hommes hors la loi et les faisait guillotiner sans forme de procès ; la Convention qui persécutait les prêtres, changeait les églises en magasins, arrivait à ne plus tolérer même le clergé schismatique de 1792 ; la Convention qui décretait une éducation uniforme, commune, obligatoire, et prétendait enlever dès l'âge de cinq ans les enfants à leur famille, n'avaient pas la prétention de se montrer respectueux envers la propriété, envers la liberté, envers la conscience. C'étaient de très-dignes prédécesseurs des socialistes d'aujourd'hui.

Ainsi, en définitive, rien ne périt, même sous l'Assemblée constituante et sous le Comité de salut public, de la vieille tradition historique, despotique, monarchique, absolutiste. La Révolution hérita jusqu'au dernier de tous les droits régaliens soigneusement transmis de l'antiquité païenne à la féodalité du moyen âge et de la féodalité à la royauté semi-protestante de Louis XIV. Les déclarations de principes écrites dans les constitutions en faveur de la propriété et de la liberté, restèrent sans doute vagues paroles, formules banales, phraséologie insignifiante qu'à chaque changement de pouvoir le notaire de l'État libellait sans y penser. Mais au-dessous, les faits demeurèrent, la politique resta la même; l'État ne perdit rien, que l'État s'appelât Louis de Bourbon, Maximilien de Robespierre ou Napoléon de Bonaparte. La République, comme la monarchie, continua à se tenir pour la propriétaire suprême de tous les biens; les confiscations révolutionnaires en furent la preuve : comme la dominatrice absolue de toutes les personnes, témoin la loi des suspects : comme la directrice des consciences, à telles enseignes que les églises étaient fermées. L'Etat n'étant plus le roi, mais étant le peuple, ne se sentait que plus complètement dégagé de tout respect envers les individus, de toute obligation morale, de toute loi écrite, naturelle ou divine. *Salus populi, suprema lex*, disait-on avec l'ancienne Rome et dans un sens bien autrement étendu que celui de l'ancienne Rome. Et quand la crise révolutionnaire fut traversée, l'Etat se retrouva, en dépit des déclarations, des constitutions, de toute la métaphysique législative, en possession de tous ses titres, païens, féodaux, monarchiques, révolutionnaires; l'arche sainte était sauve, et la liberté humaine n'avait pas fait un seul pas.

Pas un seul pas ! Je m'étonne moi-même de ce mot en l'écrivant. Et cependant la réflexion le confirme. De 1789 à 1804, l'égalité avait beaucoup gagné; la liberté politique s'était momentanément relevée. Mais la liberté dont nous nous occupons ici, la liberté civile, la liberté positive, la liberté utile, la liberté des biens, du corps, de la conscience, quel progrès avait-elle fait?

En matière de liberté personnelle, — il est bien vrai, il n'y avait plus de Bastille ni de lettres de cachet. Il n'y avait plus une cinquantaine de personnes, secrétaires d'État, premiers commis, grands seigneurs, maîtresse du prince (je parle ici de l'époque la plus abusive de la monarchie), mis à même par leur crédit de faire enfermer, sous un prétexte plus ou moins spécieux, l'homme qui leur déplaisait. Mais il y avait Vincennes et des mandats d'arrêts; cinq cents juges d'instruction, quatre-vingt-dix préfets et bien d'autres, ayant non-seulement le crédit, mais le droit de faire enfermer tout citoyen, sous la vague et banale accusation, à défaut d'autre, de complot contre la sûreté de l'État : et cela en vertu de la loi, sans excès de pouvoir, sans abus, sans illégalité, partant sans la moindre responsabilité ni le moindre reproche.

En matière de liberté de conscience, — les protestants avaient été affranchis des édits de Louis XIV; cela est vrai; et cette émancipation, du reste datait d'avant 1789. Mais, d'un autre côté, la liberté des catholiques était autrement atteinte par les lois organiques de Bonaparte qu'elle n'avait pu l'être par la jurisprudence toujours douteuse et toujours contestée du Parlement. La déclaration de 1682, effacée par Louis XIV lui-même, et sur laquelle Louis XV avait fini par imposer *un silence perpétuel*, la Déclaration de 1682 devenait, ce qu'elle n'avait jamais été sous la monarchie, une loi de l'État. La liberté de la perfection chrétienne n'existait plus; les ordres religieux étaient interdits. Et enfin, par la fondation de l'Université, un acte de contrainte inouï dans l'histoire des hommes avait été exercé sur les consciences; le père, maître de sa propre croyance, n'était plus maître de la croyance de son fils.

Mais en matière de propriété, du moins, n'avait-on pas fait quelque progrès? Le Code civil n'avait-il pas proclamé la suprématie de la propriété privée? En confirmant la loi de l'égalité des partages, n'avait-il pas défendu l'équité contre la politique? repoussé l'irruption du droit public dans le droit civil? replacé le système tout entier de la propriété sous l'empire de la loi naturelle?

Je sais tout cela; mais le Code civil lui-même avait été fait sous une double influence. La tradition despotique et révolutionnaire s'y retrouvait à côté de la tradition équitable et juridique. Et dans le reste de nos lois la tradition despotique l'emportait; le politique parlait bien plus haut que le jurisconsulte; la raison d'Etat était bien autrement puissante que le droit.

Ainsi — la haine de la propriété collective, cette grande tradition révolutionnaire, manifestée par le premier acte de spoliation accompli en 1789, subsiste avec éclat dans toutes nos lois, le Code civil y compris. On a appelé ces biens du nom très-impropre aujourd'hui de *biens de main-morte :* et dès lors ce ne sont plus des biens, ce n'est plus une propriété; ce n'est guère qu'un démembrement du domaine de l'Etat, que l'Etat consent à laisser momentanément en d'autres mains. N'administre-t-il pas, ou peu s'en faut, les biens des communes, ceux des hospices, ceux des fabriques? Notre loi a tellement peur de toute association, de toute œuvre commune, de tout lien entre les hommes, que, pour qu'une société ou corporation quelconque existe légalement, il faut une première autorisation; pour qu'elle soit capable de posséder, une seconde autorisation; pour que, cette capacité accordée, elle puisse accepter un don, une troisième autorisation; et ainsi de suite. L'Etat se fait ainsi redemander en détail la liberté qu'il semblait avoir accordée une fois pour toutes.

Ainsi encore,— sous le nom d'impôt de succession, subsiste dans notre Code financier un souvenir authentique, un rejeton immortel et toujours prêt à se développer, des prétentions de l'Etat à la propriété universelle. Nous rachetons aujourd'hui à la République le bien qu'avaient détenu nos pères, comme le vassal rachetait autrefois le bien paternel à son seigneur, parce que, selon les avocats fiscaux, le seigneur autrefois, la République aujourd'hui, sont les propriétaires originaires et universels desquels toute propriété émane, auxquels chaque détenteur nouveau doit demander l'investiture. Et quand nous payons ce droit de *lods et ventes*, nous le payons si bien à titre de rachat, et non d'impôt, qu'il excède souvent le revenu et qu'il faut remettre à l'Etat une partie du capital. Ne nous étonnons pas si cet impôt est aussi cher aux socialistes ; par son origine, il remonte à leur principe ; par son développement possible, il peut satisfaire à tous leurs désirs. Le socialisme d'autrefois et le socialisme d'aujourd'hui se sont retrouvés là et se sont embrassés.

Ainsi, enfin — pour ne pas nous traîner sur des détails techniques qui seraient infinis, nulle des bonnes traditions fiscales de l'ancien régime ne s'était perdue. Le fisc était comme toujours privilégié; comme toujours il avait ses juges à lui ; comme toujours, la loi s'arrangeait, par mille habiletés extrêmement spirituelles, pour lui assurer le gain de ses procès. *Il y a des juges à Berlin...* C'est un joli mot; mais si ce mot a été dit, il a été dit avec une bonne foi bien naïve et une bien crédule simplicité; car je ne pense pas qu'à cet égard Berlin vaille mieux que Paris. Au fisc comme toujours, en vertu d'un droit *inaliénable et imprescriptible de la royauté*, transféré à la République, appartenaient les richesses minérales cachées sous le sol; sans doute comme les biens des fabriques et des communes, les mines de cuivre et de charbon émanent du roi. Au fisc appartenait encore, par une admirable combinaison, le pouvoir de jeter à bas, sans qu'il lui en coûte un sou, une maison qui lui déplaît : il n'y porte pas le marteau, Dieu l'en garde; il a trop de respect pour la propriété ; mais il interdit de la réparer, et après quelques années d'attente la maison tombe. Au fisc appartenait enfin, et cela de temps immémorial, le droit de payer ses dettes quand il veut, comme il veut et avec un tel accompagnement de prescriptions, de délais et de déchéances, profondément inconnu des autres débiteurs, que bien souvent il ne les paye pas du tout.

Telle était la législation sortie de la crise révolutionnaire, et on peut ajouter, telle est la législation d'aujourd'hui. Le gouvernement constitutionnel, nous pouvons le dire à l'avance, y a changé peu de chose ; notre législation s'est faite comme d'un seul jet sous le Directoire et sous l'Empire. On a rarement eu depuis le courage d'y porter la main.

On me dira sans doute : « Toutes ces restrictions mises au droit individuel et surtout au droit de propriété, l'utilité publique les motive, les nécessite. S'il faut acheter un à un les édifices qui encombrent la voie publique, le trésor de l'Etat n'y suffira pas et la voie publique sera toujours étroite. Si le propriétaire du sol a seul droit d'ouvrir la mine qui est au-dessous de son champ, bien souvent il ne le fera pas et les richesses minérales seront perdues. Si la fortune des hospices grossit à l'excès, l'Etat y perdra des droits de mutation, la circulation des biens en sera diminuée, la fortune publique en sera amoindrie. »

Je n'ai garde de discuter les axiomes peut-être contestables d'utilité publique sur lesquels la fiscalité se fonde pour guerroyer contre le droit individuel. Mais ne voyez-vous pas poindre ici le socialisme ? Subordonner l'intérêt de chacun à l'intérêt de tous : rien n'est plus juste. Subordonner le droit de chacun à l'utilité de tous : les socialistes, en définitive, ne font pas autre chose. On dit aujourd'hui à un hospice : « Vos biens restent éternellement entre vos mains ; ils ne paient pas de droit de mutation ; nous jugeons à propos de restreindre votre fortune. » Pourquoi ne dirait-on pas demain à un particulier : « Vos biens sont dans votre famille depuis des siècles ; ils ont passé de père en fils ; ils n'ont payé que des droits de succession en ligne directe, droits fort modiques ; ni droit de succession indirecte, ni droit de vente : Le trésor en souffre. Nous restreignons arbitrairement votre fortune. » On dit aujourd'hui : « Votre maison gêne la voie publique, et nous ne sommes pas assez riches pour la payer. Nous prenons votre maison. » Pourquoi ne dirait-on pas demain : « Votre champ est mal cultivé ; l'intérêt public en souffre. Mais nous ne sommes pas assez riches pour vous acheter votre champ. Nous vous le prenons. »

Nous pouvons être bien sûrs d'une chose, c'est qu'en général les rois, les républiques, les gouvernements sont si bons, que quand ils ont par hasard commis une iniquité, fait violence à un droit, confisqué un bien, ils y ont été amenés, contraints, forcés par quelque motif irréfutable d'utilité publique. Lorsqu'Achab voulut prendre la vigne de Naboth pour s'en faire un potager et tua Naboth pour avoir sa vigne, vous pouvez être sûr que l'utilité commune du royaume de Samarie exigeait impérieusement que le roi eût un potager auprès de son palais. Tous ces droits régaliens, ces droits inaliénables et imprescriptibles de la couronne, dont les juristes de l'ancienne monarchie font la longue et curieuse énumération, et parmi lesquels figure le droit de travailler aux arts et métiers, lequel droit S. M. peut octroyer et vendre à son plaisir; tous ces droits, jusqu'au dernier, ont pour fondement des motifs très-graves d'utilité publique, selon les juristes. Il en est de même aujourd'hui. Nos socialistes et nos communistes sont des hommes dont la modération et le désintéressement sont connus. S'ils en veulent à la fortune des riches, c'est qu'il y a nécessité absolue de la prendre. S'ils guerroient contre la propriété, c'est que la propriété est inconciliable avec le bien public. Lisez M. Proudhon, M. Cabet, M. Considerant, M. Louis Blanc : tous tant qu'ils sont, n'ont-ils pas les meilleures raisons du monde, les motifs les plus pressants de bien public pour prendre la vigne de Naboth et en faire le potager de la république démocratique et sociale? Et quand Naboth leur répond comme dans l'histoire sacrée : « Que Dieu me soit en aide : je ne te donnerai pas l'héritage de mon père, » n'est-il pas clair que Naboth est un homme sans cœur et sans entrailles, un égoïste, un aristocrate, un bourgeois, contre lequel il faut à toute force susciter des témoins, qu'il faut traduire en jugement et faire lapider? Le tout pour le bien commun du peuple et l'utilité incontestable des enfants d'Israël.

Ainsi, le procès qui s'agite maintenant entre nous et les socialistes, c'est le vieux procès, si célèbre dans les écoles philosophiques de l'antiquité, du *juste* et de *l'utile*. Je sais très-bien qu'on peut contester à bon droit aux socialistes, non-seulement la justice, mais l'utilité de leurs plans. Cependant, avec leurs théories d'avenir, avec leurs rêves, en se jetant dans le champ du possible, de l'impossible même, en se supposant maîtres de tout pour distribuer tous les biens et soulager tous les maux, ils auront toujours beau jeu auprès de la foule. Persuadez à l'homme qui ne possède pas qu'il est *utile* qu'un autre possède à sa place; persuadez à l'homme qui souffre de la répartition actuelle des biens, que cette répartition est utile à conserver : vous aurez raison sans doute, mais votre tâche sera bien difficile. Au contraire, il comprendra mieux que cela est *juste;* son bon sens, sa conscience, sa rectitude d'esprit et de cœur pourra aller, elle va souvent jusque-là. Si vous faites de la résignation du peuple un calcul, le calcul dépasse ce qu'il sait d'arithmétique ; il se mettra de son côté à calculer et calculera contre vous.

Faites-lui bien plutôt de la résignation une affaire de conscience, d'honneur, de religion; il est souvent homme à l'accepter comme telle.

C'est donc toujours et avant tout le combat du *juste* contre *l'utile*. Et le *juste*, c'est le droit, c'est la liberté, c'est le progrès, c'est le christianisme; *l'utile*, ce n'est trop souvent qu'un nom plus honnête donné au fait pour le faire prévaloir contre le droit, à la tyrannie contre la liberté, à la barbarie contre le progrès, au socialisme contre le christianisme.

Et quand je me demande laquelle de ces deux causes, depuis 1789, a le plus gagné ou le plus perdu, la question, en résumé, me paraît douteuse. La monarchie étalait ouvertement ses traditions despotiques; la révolution les a remplacées par des maximes humaines, équitables, philosophiques, chrétiennes : l'une ne parlait que des droits du roi, l'autre a ajouté les droits de l'homme; je lui en fais honneur. Mais, dans une sphère inférieure et plus pratique, la monarchie était habituellement tolérante; la révolution l'a été beaucoup moins. La monarchie respectait d'ordinaire la propriété privée; la révolution a débuté par la plus large atteinte que la propriété ait reçue en France. La monarchie expirante abolit la confiscation, dont elle avait tant abusé; la révolution rétablit la confiscation et en abusa bien autrement que n'avait fait la monarchie. Tout ce que dans le détail de la vie sociale la monarchie avait eu de prétentions exorbitantes, de restrictions à la liberté du patrimoine, d'ingéniosités domaniales ou fiscales, la révolution en a soigneusement recueilli l'héritage; et elle a ajouté à cette couronne quelques fleurons façonnés de sa propre main.

Il y a même un dernier fait assez remarquable. L'ancienne monarchie, quoique du reste elle abondât fort dans le sens de l'*utile*, rendait à la notion du *juste* un remarquable hommage. Un corps existait, conservant quelque indépendance politique, ayant droit de remontrance, de résistance, d'opposition; placé dans la situation la plus libre, la plus haute, la plus honorée où fut jamais, sous un pouvoir absolu, une assemblée non essentiellement politique. Et ce corps était celui qui avait pour mission de rendre la justice, c'est-à-dire de maintenir dans la société le règne du droit, le principe de la propriété, la notion du juste. Cette mission avait semblé si haute et si grande qu'elle lui avait valu une certaine indépendance, en un temps et sous un régime où toute indépendance était proscrite : fait spécial, du reste, à la monarchie française entre toutes les monarchies absolues. Il y a plus, et comme pour faire compensation à tant de prétentions exorbitantes contre la propriété et la justice, le roi, l'Etat, le fisc, le domaine acceptaient ce corps pour leur juge. Des juridictions diverses, mais toutes participantes des priviléges de la robe, grueries, vigueries, greniers à sel, maîtrises des eaux-et-forêts, sous la tutelle des Chambres des comptes et des Cours des aides, c'est-à-dire de grandes corporations inamovibles et indépendantes, jugeaient les causes de l'Etat; et une même classe d'hommes, tous appuyés sur leur droit de propriété personnel, tous élevés dans la science et dans le respect des idées de droit, de justice et de propriété, tenaient en leurs mains une masse immense d'intérêts que, nulle part ailleurs, l'Etat n'a consenti à laisser sortir de ses mains aussi complétement.

Or, dès son début, la révolution a méconnu cette propriété, brisé cette indépendance, dissous cette magistrature. Une judicature nouvelle, abaissée à dessein comme pour avilir les idées de droit et de justice, s'est mise à fonctionner dans un rang secondaire et dans une situation dépendante, humblement assujettie sous la toute-puissante main de la politique. Encore n'a-t-elle été juge que des citoyens. L'Etat, plus jaloux de son domaine, a repris le jugement de ses propres causes; il n'a plus voulu exposer son fisc aux rigueurs et aux entêtements d'un juge vulgaire. Et, aujourd'hui même, où la justice a repris dans la société une place plus digne, toutes ces causes fiscales que jugeaient des cours inamovibles et souveraines sont encore jugées par ce qu'on appelle la puissance administrative. Ce sont les hommes du droit qui prononçaient autrefois : ce sont les hommes de l'*utile* qui prononcent aujourd'hui. L'Etat a-t-il eu peur d'une justice trop exacte? A-t-il craint que la stricte et simple équité ne pesât trop contre l'utilité, la convenance, la politique?

Voilà donc dans nos lois ou monarchiques ou révolutionnaires d'assez fortes empreintes de socialisme. Quel contrepoids la liberté politique y a t-elle fait? Qu'ont apporté de nouveau ou dans le droit ou dans les mœurs nos trente-trois années de vie constitutionnelle? C'est ce que nous dirons prochainement, si Dieu et la patience du lecteur nous le permettent.

II

Nous avons montré comment la pensée-mère du socialisme a eu, dès le commencement du monde, la complicité au moins partielle de tous les pouvoirs; nous en avons suivi la tradition dans les doctrines de l'ancienne monarchie, dans les violences des pouvoirs révolutionnaires, dans la législation que l'empire nous a donnée. Nous avons trouvé partout sous une croûte plus ou moins épaisse, à une profondeur plus ou moins grande, cette triple prétention de l'Etat à la suprématie sur l'homme, sur ses biens, sur sa conscience.

Ce n'est pas cependant que tout pouvoir civilisé ne comprenne jusqu'à un certain point que le respect de la justice, la sécurité de chacun, la libre jouissance des droits individuels importe même à sa force et à sa durée. Les gouvernements révolutionnaires seuls l'oublient : c'est que les gouvernements révolutionnaires sont des gouvernements en délire. Les gouvernements réguliers le savent et en tiennent compte. Ils commencent bien par établir en axiome le dogme de leur souveraineté absolue; ils écrivent leurs prétentions quasi-divines pour que le souvenir ne s'en efface pas et qu'au besoin elles se retrouvent : mais dans la pratique ils les adoucissent et les atténuent. Armes nécessaires, selon eux, et dont ils ne se servent que trop souvent! Armes dangereuses; ils le sentent et hésitent à s'en servir.

Ce besoin de stabilité, ce sentiment d'ordre qui porte au respect des droits individuels, n'était pas étranger à Napoléon. Une partie de sa législation en garde la forte empreinte. S'il ne comprit pas assez la liberté de la personne, s'il outragea la liberté de la conscience, il connut et il respecta mieux la liberté de la propriété. Il effaçait, autant qu'il était en lui, la trace des confiscations révolutionnaires; il écrivait dans le Code civil le droit de la propriété privée; il promulguait une législation des mines moins défavorable aux détenteurs du sol que nulle ne l'avait été encore; il décrétait une loi d'expropriation bien plus respectueuse pour la propriété qu'aucune de celles qu'après lui la fièvre industrielle a inspirées; enfin il comprenait, aux jours lucides de son grand génie, que le droit de l'Etat repose sur le droit des particuliers, et que le principe de l'ordre est blessé d'en haut par la spoliation comme il est blessé d'en bas par la révolte.

Il y a plus : cet homme, à la tête d'un pouvoir viager et par cela même que son pouvoir était viager, avait soif de tout ce qui présente une garantie de force, de stabilité, de durée; jamais, en bâtissant sur le sable, on ne chercha le roc avec plus de conscience. Il alla jusqu'à comprendre, malgré ses goûts absolutistes et son origine révolutionnaire, la force que la propriété collective donne à un État; il n'en eut pas peur comme les gouvernements constitutionnels en ont eu peur après lui. Il reconnut celle de l'Église; il rétablit celle des hôpitaux; peut-être eût-il laissé s'établir celle des couvents; il voulut même en constituer une nouvelle pour son Université, pour sa Légion-d'Honneur, pour son Sénat; il ne les paya pas seulement, il les dota. Bonaparte comprenait quelle force c'est, même pour une institution politique, d'avoir la propriété pour appui, de posséder un droit indépendant de celui de l'État, en devenant propriétaire de devenir homme. Il le comprenait; ce qu'il ne comprenait pas assez, c'est que pour assurer à une institution une existence forte par elle-même, il faut lui concéder quelque liberté. Il la voulait propriétaire, il ne la voulait pas libre. C'était dès lors l'Etat qui vivait, qui respirait, qui possédait; ce n'était pas elle. Comme elle tenait du gouvernement toute sa force, elle n'avait pas de force à lui donner. Bonaparte avait semé dans le sol, mais il n'y avait semé que des roseaux; et ses institutions, sans force de résistance, n'ont pas même su défendre le patrimoine qu'il leur avait donné et que la centralisation fiscale a fini par envahir.

Après le progrès de l'Empire, la Restauration a été un progrès nouveau. A mesure que la France s'est écartée des voies révolutionnaires, le droit, la liberté humaine a obtenu plus de respect : chaque fois, au contraire, que la France se rapproche des voies révolutionnaires, le droit, la liberté humaine est plus en péril. Ces temps de 1814 et de 1815 rappellent à notre orgueil national de tristes souvenirs; nous avons reçu de l'Europe l'affront que l'Europe avait reçu de nous. Mais si nous faisons abstraction pour un moment de l'humiliation douloureuse par laquelle Dieu châtiait notre orgueil; si nous considérons au point de vue de la Providence, du Christianisme, de la civilisation européenne, cet immense mouvement de l'Europe, troublée par l'insolence de notre victoire dans son honneur, dans sa liberté, dans ses traditions nationales, se soulevant contre nous, et arrivée dans nos murs, y proclamant, non pas comme nous l'avions fait, l'autocratie de notre volonté et le droit absolu du vainqueur, mais l'autocratie de Dieu seul et le droit absolu de la justice : nous ne nous réjouirons pas sans doute; mais nous admirerons et nous reconnaîtrons que cette révolution européenne était un des grands changements de la main du Très-Haut. L'histoire depuis soixante ans est si complètement falsifiée qu'on ne sait pas ce que fut la Sainte-Alliance. Ce fut, dans le principe du moins, une protestation contre la politique anti-chrétienne et anti-humaine qui depuis trois siècles avait cours dans tous les palais, dans tous les cabinets, dans toutes les chaires même, hors celle de l'Eglise. Ce fut une abdication faite par les rois eux-mêmes de cette morale païenne et protestante, dont pendant trois cents ans on avait armé leur main et gratifié leur conscience. Pour la première fois peut-être dans l'histoire, et certes plus solennellement que jamais, trois souverains déclarèrent à la face du monde qu'ils se sentaient tenus aux mêmes obligations que leurs sujets; qu'ils ne reconnaissaient pas une autre morale pour l'homme politique que pour l'homme privé; que la souveraineté, comme la liberté, avait le devoir d'être humaine, d'être juste, d'être probe, d'être fraternelle, de se gouverner en un mot par la loi de Dieu. La liberté n'a pas su quel présent ce jour-là on lui faisait, et jamais le mensonge historique n'a fait un tel tour de force que le jour où il a pu animer l'esprit de liberté contre cet acte qui contenait le principe de toute liberté. Cet acte ruinait d'un seul mot, si les peuples eussent eu le bon sens de l'accepter, tout l'édifice de despotisme élevé depuis le XVIe siècle par les hommes d'Etat, par les courtisans, par les philosophes, par les légistes, par les théologiens du schisme et de l'hérésie; il dressait d'avance une barrière contre le socialisme, qui ne fait autre chose, lui, qu'affranchir au plus haut degré la conscience de l'Etat de toute loi divine et humaine; il effaçait ce mot, qui avait été la grande arme de tous les despotes, passé aujourd'hui aux socialistes : *la raison d'Etat*. Je sais très-bien que ce que les rois avaient fait dans leur conscience, les diplomates l'ont repris dans leur habileté; que la Sainte-Alliance, imposée au lieu d'être proposée, est devenue tout autre chose. Mais l'intention première n'en était pas moins bonne, chrétienne, humaine, libérale. Les trois princes qui la signèrent étaient, dans des communions différentes, trois hommes dont le christianisme n'a jamais été soupçonné d'hypocrisie. Et, quel qu'ait été depuis l'abus qu'on a fait de leur pensée, le jour où, au milieu de toutes les séductions de l'autocratie et de la victoire, ils la proclamaient, n'a pas moins été un grand jour pour le progrès, pour l'humanité, pour la liberté[1].

[1] « ... Ayant acquis la conviction intime qu'il est nécessaire d'asseoir la marche adoptée par les puissances, dans leurs rapports mutuels, sur les vérités sublimes que nous enseigne l'éternelle religion de Dieu sauveur... Le présent acte n'a pour objet que de manifester... leur détermination inébranlable de ne prendre pour règle de leur conduite, soit dans l'administration de leurs Etats respectifs, soit dans leurs relations politiques avec tout autre gouvernement, que les préceptes de cette religion sainte, préceptes de justice, de charité et de paix, qui, loin d'être uniquement applicables à la vie privée, doivent, au contraire, influer directement sur les résolutions des princes et guider toutes leurs démarches...; confessant que

Et, quant à la France du moins, cette pensée n'a pas été stérile. La Restauration lui a donné en définitive ses jours les plus beaux, sa liberté la plus vraie, sa politique la plus digne, la plus équitable, la plus honnête, la plus respectueuse pour tous les droits. Par la Charte de 1814, demeurée jusqu'ici le dernier terme que la liberté humaine ait atteint parmi nous, l'esprit de liberté a repris sur l'esprit révolutionnaire l'abolition de la confiscation, tant de fois écrite, tant de fois effacée; l'inamovibilité des juges, cette seule, quoique faible garantie de la propriété privée contre l'envahissement fiscal; la suppression des juridictions exceptionnelles, si multipliées et si menaçantes sous l'Empire; la liberté individuelle prise au sérieux; enfin, la paix entre l'Etat et l'Eglise. Cinq ans n'étaient point passés, et la couronne faisait sans regret à l'esprit de civilisation et de liberté le sacrifice de ce qu'elle avait pourtant appelé, au temps des juristes fiscaux, *un de ses droits inaliénables et imprescriptibles* (il y en avait tant); elle renonçait au droit d'aubaine : et reconnaissant ainsi à la propriété de l'étranger le même caractère sacré qu'à la propriété du citoyen, elle mettait le principe de la propriété au-dessus de la puissance des lois civiles. Cinq ans plus tard, un acte plus solennel dans sa forme, sans être aussi élevé au point de vue de la doctrine, était un nouvel hommage à l'inviolabilité de la propriété. L'Etat se chargeait des dettes de la Révolution; il réparait, sans inquiéter qui que ce fût, les spoliations de 1793; par sa loi d'indemnité, il affermissait également et le droit de propriété du spolié à qui l'on payait son bien, et le droit de propriété de l'acquéreur, qui désormais posséderait sans inquiétude et sans remords, et le droit de propriété de tous, intéressés, comme ils le sont, à voir la spoliation flétrie et la confiscation restituée. Jamais réparation ne fut plus juste, ne fut plus politique, ne fut plus intelligente; jamais non plus acte de justice ne fut moins lourd à un pays. La probité vaut de l'argent; le crédit s'ouvrit facilement à une nation qui payait aussi loyalement ses vieilles dettes. A l'honneur de la vertu financière de la Restauration et surtout de sa vertu politique, ce milliard, qui devait être si lourd, fut acquitté avec une aisance que la France n'a pas retrouvée, quand il s'est agi en 1830 et en 1848 de payer les déboursés de ses révolutions. L'argent fait défaut à qui a commis une révolution; l'argent vient à qui la répare. On était alors bien loin du socialisme, et

la nation chrétienne n'a réellement d'autre souverain que celui à qui seul appartient en toute propriété la puissance..., c'est-à-dire Dieu, notre divin sauveur Jésus-Christ. » (Déclaration des trois souverains, du 14-26 septembre 1815.)

j'aimerais à savoir ce que pensent aujourd'hui de cette mesure ceux qui, en 1825, l'ont si violemment attaquée, et qui, maintenant, acculés comme nous tous sur le droit de propriété, ce dernier rempart de l'ordre social, épuisent leur force à le défendre.

Tel était le bien; tel était le progrès. Où fut la faiblesse? où fut la faute? Nous allons essayer de le dire. Que le lecteur nous permette de remonter vers d'autres idées, dont il verra bientôt la liaison avec notre sujet.

Au milieu des agitations révolutionnaires, un pouvoir nouveau avait commencé à surgir; nouveau, car nos ancêtres n'avaient pas de nom à lui donner, et nous-même, c'est à peine si nous lui en donnons un : nous l'appelons de la désignation vague, générale, indéfinie de puissance administrative. Les puissances législative, politique, judiciaire, municipale, ont leur sphère, leur définition, leurs limites; elles administrent chacune une portion désignée du domaine public. Mais vers la fin de la révolution, une puissance intermédiaire s'était glissée doucement entre elles, sans nom d'abord, par conséquent sans limites qui lui fussent propres; modeste, sobre, régulière, réparatrice de tous les désordres, grandissant de toutes les faiblesses, s'accroissant de tous les débris. L'ordre judiciaire suspect d'affection pour l'ancien régime; la puissance législative accablée du poids de son ignorance, de ses attributions et de ses fautes; la force politique, violente et passionnée en même temps qu'impuissante et décriée; l'autorité militaire, redoutée de ceux qui aimaient la liberté; l'esprit municipal, abaissé en France depuis deux siècles, et qui s'était montré faible au milieu des agitations de la politique, laissèrent tous échapper quelques fragments de leur pouvoir, qui vinrent échouer, comme sur une plage douce et abordable, sur ce terrain d'alluvion que les révolutions avaient fait naître. La France, toute émue des violences révolutionnaires, avait besoin d'ordre, de régularité, d'une action pacifique et modérée plus encore que d'une justice exacte et scrupuleuse. C'était le contraste le plus parfait avec les institutions du moyen âge, si justes en principe, si précises dans leurs règles, si multiples dans leur prévisions, si hostiles à l'arbitraire; barrières élevées avec soin, mais que les passions mal contenues brisaient sans cesse; lois pleines d'équité, mais contre lesquelles le fait s'insurgeait chaque jour. C'était le règne du droit, ce n'était pas celui de l'ordre. Ici c'était tout l'opposé : de vagues attributions au lieu de ces définitions si exactes; le secret au lieu de cette publicité du moyen âge; une action anonyme au lieu de cette responsabilité de tous les pouvoirs; au lieu de ces formes si solennelles, une procédure toute domestique et toute clandestine; au lieu de ces prévisions si multiples, une vaste place laissée à l'arbitraire. Mais aussi ce pouvoir plus arbitraire était moins troublé; assez fort pour se protéger contre la violence d'autrui, il était assez calme pour se garder de sa propre violence. Si ce n'était pas tout à fait le règne du droit, c'était au moins celui de l'ordre.

En même temps cette administration, propre à toute chose par cela même que ses attributions étaient moins définies, plus maniable parce qu'elle avait moins de responsabilité, plus docile parce qu'elle avait moins d'éclat, était un commode instrument de pouvoir. Elle se pliait à tout; elle grandissait partout. Elle était partout comme l'œil et la main du souverain, œil qui semblait sûr, main qui semblait obéissante, puissance obscure et innommée, qui ne pouvait avoir la prétention de vivre par elle-même et de s'agrandir au profit de sa propre ambition. Sa hiérarchie simple en même temps que serrée en faisait comme un réseau qui toucha bientôt à toutes les parties du territoire, à tous les intérêts de la vie commune, à toutes les branches du pouvoir.

Napoléon la développa, et on lui en sut gré. Sous une royauté absolue, dans laquelle tout pouvoir remonte au souverain, et, sous l'ombre du souverain, devient inviolable, les habitudes régulières dans le pouvoir sont la seule garantie des sujets. Ils n'ont rien à opposer au bras de la puissance publique si le pouvoir veut les frapper. Ils demandent seulement que ce bras ne soit point celui d'un aveugle et ne les frappe pas inutilement. On sait toujours gré au despotisme quand il se règle et qu'il s'impose des formes, sinon des lois.

Mais la Restauration était dans des conditions différentes. Si elle eût eu contre les souvenirs des dernières vingt-cinq années l'aveugle rancune qu'on lui suppose, elle aurait eu hâte de répudier ce pouvoir administratif, héritage de la Convention, du Directoire et de l'Empire. La tradition monarchique eût été de se faire représenter au loin avec plus de splendeur, dût cette splendeur entraîner quelque peu d'indépendance. Des provinces, des gouverneurs, des Etats provinciaux, des assemblées de notables lui eussent mieux convenu que cette administration; révolutionnaire par son origine, bourgeoise par sa composition; qui agrandissait, aux dépens du fonctionnaire officiel délégué du trône, l'employé anonyme, obscur, irresponsable; qui enfin concentrait tout dans Paris, dans la ville de l'agitation, des troubles, des révolutions, des émeutes.

Ou bien encore, — si la Restauration fût entrée plus hardiment dans la pensée constitutionnelle qu'elle inaugurait en France, elle aurait été choquée, effrayée même du contraste qu'allait former cette politique libérale et cette administration absolutiste; cette Charte copiée sur l'Angleterre et cette législation héritée de Napoléon; ce règne des orateurs au Palais-Bourbon, ce règne des commis partout ailleurs; cette effrayante liberté dans les grandes affaires, cette autocratie absolue dans les petites. Elle eût compris qu'il y avait là une incompatibilité profonde qui devait se résoudre en troubles, en souffrances, en périls. Elle eût compris que ni l'un ni l'autre des deux principes n'aurait sa franchise et sa vérité, qu'ils se corrompraient l'un l'autre et détruiraient mutuellement leurs avantages.

Mais, comme le sont volontiers les gouvernements héréditaires, la Restauration était timide et paresseuse. Elle accepta sans inventaire la législation révolutionnaire et impériale, laissant subsister des énormités qui confondent lorsqu'on les lit. C'était à la fois un pouvoir ancien et un pouvoir nouveau, endormi et sans initiative comme les puissances depuis longtemps établies, troublé du danger de la situation comme une puissance nouvellement restaurée. Elle manqua son jour. Elle ne comprit pas qu'il lui fallait renouveler cette forme révolutionnaire sous peine d'être étouffée par elle, et se faire pardonner à force d'innovations l'antiquité de son pouvoir. Elle recueillit pieusement le legs de l'administration impériale. Ce pouvoir administratif, né de la révolution, c'était toujours du pouvoir; et il n'est pas de souverain si libéral et si sage pour qui un accroissement de pouvoir n'ait de l'attrait. La Révolution avait tant ôté à la puissance royale; n'était-il pas juste qu'elle lui rendît quelque chose? Elle avait ravi tant d'ornements à la couronne; fallait-il briser le seul qu'elle y eût ajouté? Au nom de la dignité royale, l'absolutisme des commis fut sauvé.

Ce que la Restauration avait fait par une paresse insouciante et une instinctive tendance vers l'autocratie, le gouvernement de Juillet, plus actif, sans être plus novateur, plus hardi, quoiqu'il fût aussi plus prudent, le fit avec réflexion et par calcul. C'était le gouvernement des habiles. On ne trouva pas seulement que l'absolutisme administratif et la liberté parlementaire pourraient fort bien marcher ensemble; on trouva que l'un était le contre-poids, le remède, le contre-poison de l'autre; que le pouvoir, entravé dans les grandes affaires, avait d'autant plus besoin d'être maître absolu dans les petites, parce que les petites sont la monnaie des grandes et servent à les acheter. On comprit, en d'autres termes, que la souveraineté du pays se partageant entre quatre cents députés et quelques cent mille électeurs, il fallait, pour se rendre favorable ce multiple souverain, avoir beaucoup de faveurs administratives à lui offrir ; qu'il fallait administrer au gré de la Chambre, pour que la Chambre vous laissât gouverner à votre gré. La vénalité des suffrages n'est pas française ; nous sommes les uns trop honnêtes gens et les autres pas assez riches. Mais nous nous payons de cette monnaie plus honorable, qu'on peut appeler la monnaie administrative : croix, places, fonctions publiques, bourses, pensions, alignements pour notre rue, assainissements pour notre quartier, routes pour notre village, fontaines pour notre ville, chemins de fer pour notre province. Dans notre corruption même nous avons quelque désintéressement, et nous nous tenons pour payés de la gloriole que nous avons de pouvoir faire quelque bien à notre pays. Mais, quoi donc ! si le fonds qui produit cette monnaie eût été par malheur remis en nos mains ; si nous n'avions plus eu à demander tout cela qu'à nos concitoyens et à nous-mêmes; si le gouvernement n'avait plus tenu par ces mille filets de Lilliput le géant électoral ; le gouvernement désarmé devant les élections et devant les Chambres, n'ayant plus que ses actes pour le protéger, sa politique pour le faire valoir, son éloquence pour le défendre, le gouvernement succombait, et tout était perdu !

Le pouvoir entra donc dans cette voie ; et, comme il y entrait, moins encore pour sa satisfaction personnelle que pour celle du multiple souverain avec lequel il avait à traiter, il fut nécessairement amené à l'élargir chaque jour. La puissance exécutive et la puissance parlementaire s'entendirent merveilleusement pour multiplier la matière de ces échanges par lesquels l'une payait en bénéfices administratifs les bénéfices politiques qu'elle attendait de l'autre. Grâce à ce besoin réciproque, grâce à l'élasticité de la justice administrative qui se prête à tous les agrandissements, le cercle des attributions de la puissance politique s'élargit chaque jour. Le pouvoir administratif, le pouvoir parlementaire, le pouvoir électoral grandirent à qui mieux mieux, le premier en attributions, le second en influence, le troisième en crédit et en satisfactions personnelles, de tout ce qui était enlevé à cette pauvre et décriée liberté. Bien des hommes ne demandaient pas mieux que de concéder au gouvernement une part plus grande de leurs droits, pour que le gouvernement usât de cette concession à leur profit et qu'ils changeassent la liberté commune en bénéfices personnels.

Ainsi, par exemple, l'État devenait plus que jamais le grand, l'unique instituteur. Non-seulement l'université n'avait rien relâché de son monopole, mais elle l'étendait. L'instruction primaire, qui en avait été en dehors, de droit, si je ne me trompe, et au moins de fait, l'instruction primaire y entrait à pleines voiles : ce qu'il y avait de liberté dans la loi de 1833 disparaissait; les comités libres étaient annulés; et chaque jour l'université demandait avec plus d'instance de nouvelles faveurs pour ceux qui étaient ses agents auprès du peuple, pour ces précieux instituteurs socialistes dont l'influence est encore si utile dans nos campagnes. L'université accaparait également tout ce qui touchait de près ou de loin à l'enfance : écoles d'aveugles ou de sourds-muets, salles d'asile, crèches. Il ne lui restait plus à conquérir que les bureaux de nourrice. Rien ne devait être libre; c'était là le principe.

L'État devenait encore plus que jamais le grand pontife de tous les cultes. Qu'on se rappelle ces circulaires par lesquelles les divers ministres des cultes, les uns après les autres, ont prétendu régenter l'épiscopat, approuver ou désapprouver les bulles du Pape, tracer aux évêques des règles même en fait d'*ordo* et de bréviaire, en un mot gouverner l'Église. L'Église catholique, il est vrai, opposait cette verdeur de résistance qui tient à la force interne que Dieu lui a donnée. Mais les autres cultes se laissaient envahir, et, après avoir rejeté le Pape pour le juge de leur foi, trouvaient tout simple d'accepter M. Mérilhou ou M. Martin. On se rappelle cette ordonnance, signalée non par un rabbin mais par un de nos évêques, où le ministre de la guerre s'érigeait en grand rabbin de l'Algérie, en docteur suprême du Talmud, en interprète supérieur de la loi de Moïse.

L'État devenait aussi, profitant des plus tristes et des plus tyranniques traditions de la Convention, l'État devenait grand aumônier. Il prétendait avoir le monopole de l'assistance ; et sur aucun point ses prétentions n'ont touché d'aussi près à celles du socialisme, n'ont à celui-ci ouvert la porte aussi large, n'ont aussi complètement travaillé à détruire le plus grand obstacle que le socialisme puisse rencontrer, la charité. Il n'y avait de pauvre que les pauvres de l'État ; il n'y avait d'assistance que l'assistance de l'État ; il n'y avait d'institutions charitables, légalement existantes, que celles de l'État. Sous des prétextes financiers, qui ne manquent jamais à l'administration et qui sont toujours son introducteur ordinaire, tout ce que les hospices avaient encore d'existence indépendante disparaissait ; l'État leur imposait la coûteuse tutelle de ses agents soldés.

Comme l'éducation l'était devenue, comme la religion, si elle se fût laissée faire, allait le devenir, la charité devenait un bureau et un bureau ruineux ; car, sur la partie du budget qui constitue la paie de la charité publique, un quart au détriment des pauvres est confisqué par la bureaucratie.

L'État devenait enfin, par mille points divers, sinon le propriétaire suprême (cette prétention demeurait encore latente), du moins le gérant accidentel et obligé de la propriété privée : et en même temps, pour ce qui touchait ses propres intérêts, un propriétaire privilégié, soumis à moins de restrictions, exerçant plus de droits. Sur tous les points où l'intérêt fiscal est en contact avec le droit de propriété, en matière de mines, d'expropriation, de dommages, on forçait le droit de l'État, on restreignait ses obligations. Un projet récemment présenté interdisait tous travaux de creusement aux propriétaires voisins des eaux thermales, et cela dans un rayon indéterminé, au gré de l'administration. La prétention de l'État sur les mines, étendue à celles qui affleurent le sol, devenait, en ce cas, un véritable envahissement de la terre.

En si beau chemin, en effet, on ne s'arrête pas aisément. Déjà, dans le projet de loi des médecins cantonnaux, l'Etat commençait à se constituer en suprême guérisseur de ses sujets. Il eût été bientôt le grand marieur, comme en certaines parties de l'Allemagne, où la loi permet ou interdit le mariage, selon les conditions d'état ou de fortune. La notion de l'Etat grandissait ainsi, obscurément, lentement, mais d'une manière chaque jour plus réelle ; chaque jour l'Etat absorbait l'homme davantage, l'amenait davantage à se reposer sur lui de toute chose, à abdiquer son action propre, les peines, les satisfactions et la gloire de sa propre liberté. Si l'on doute de ce progrès lent, inaperçu, latent parce qu'il se passait en dehors de la sphère ardente de la politique, mais perpétuel ; qu'on veuille bien seulement évaluer à quel chiffre se sont élevés, de 1800 à 1814, de 1814 à 1830, de 1830 à 1848, les nouvelles recrues de commis pour les bureaux, les mètres cubes de paperasses entassées dans les archives, les dépenses administratives dont s'est enflé le budget.

Car, avec le Code administratif, le budget administratif devait grossir. Les attributions n'augmentent pas sans que les impôts augmentent ; on dépense plus par cela seul qu'on gouverne plus. A cet égard, la liberté est de l'économie. Ce qu'on perd en droits comme citoyen, on le paie en argent comme contribuable ; on solde au gouvernement la liberté qu'il vous ôte. Aussi, tandis que l'Angleterre constitutionnelle et pacifiée réduisait ses budgets, la France constitutionnelle et pacifiée augmentait annuellement les siens.

Mais à cela les esprits avancés avaient une réponse : « Il est bon, disaient-ils, que le budget augmente : plus d'hommes vivront aux dépens de l'Etat, plus d'hommes seront intéressés à la paix publique. Que ce peuple d'employés, peuple actif, intelligent, laborieux, souvent né dans l'indigence, soit réhabilité contre le caprice du sort, trouve quelque aisance en récompense de son travail et de ses lumières; que cette nation, plus instruite et plus dévouée, prélève quelque chose sur les biens de la nation inférieure, riche, oisive, inintelligente ; que la nation gouvernante soit payée par la nation gouvernée ; que le trop plein de la fortune du contribuable soit déversé sur la classe des serviteurs de l'Etat, plus nombreuse, mais en même temps plus méritante et mieux choisie qu'elle ne l'a jamais été : où est le mal? N'est-ce pas réparer dans une certaine mesure l'injustice du sort et l'inique répartition des fortunes? N'est-ce pas rendre à la capacité ce qui lui appartient, en le prélevant sur la richesse? Le budget devient ainsi le grand réparateur des torts sociaux. »

Les choses considérées à ce point de vue, qui commençait à devenir populaire, ce n'était plus sur les nécessités publiques qu'il fallait mesurer les attributions, sur les attributions les dépenses, sur les dépenses les impôts. Il fallait au contraire accroître les attributions pour accroître les dépenses, accroître les dépenses pour accroître les impôts. L'Etat devenait comme une grande ferme dont les frais étaient payés par les contribuables, dont les bénéfices appartenaient aux exploitants. Pour que la ferme fût bien gardée contre les envahissements extérieurs, il fallait que le corps des exploitants fût nombreux. Pour accroître ce corps, il fallait que la ferme rendît davantage. Pour la rendre plus vaste et plus productive, il fallait demander aux contribuables plus d'argent.

Il faut l'avouer : ce point de vue une fois admis, tous les inconvénients de détail reprochés au système administratif étaient justifiés, tous ses défauts devenaient des vertus. Qu'il fût cher : il nourrissait plus de personnes. Qu'il fût lent et compliqué, qu'il concentrât tout vers Paris, ce centre redoutable du pouvoir, mais aussi des révolutions; qu'il multipliât les écritures inutiles, les formalités sans but, les filières sans utilité, les délais sans fin ; qu'il fît écrire pour écrire, attendre pour attendre : tout cela grossissait le travail et par conséquent multipliait les travailleurs. Que trop souvent il sacrifiât le fond à la forme, la régularité apparente à l'utilité véritable, l'exactitude sur le papier au bien réel dans le fait : qu'importait, puisque les affaires n'étaient plus que l'accessoire et le moyen ; les hommes d'affaires, le principal et le but? Que par la puissance de ces complications le fonctionnaire patent se trouvât détrôné par le scribe ; que le pouvoir réel passât du magistrat officiel qui signe et qui est responsable au magistrat clandestin qui ne signe ni ne répond : n'était-ce pas le résultat infaillible et le signe évident de ce mouvement d'ascension qui tendait à mettre au faîte de la société la démocratie des bureaux ? Qu'enfin la pensée de ceux que les plus grands intérêts doivent occuper se trouvât enfouie dans les détails ; que le ministre, l'homme du génie le plus élevé et de la fonction la plus haute donnât des heures entières de sa journée à la besogne mécanique de signer sans avoir lu : c'étaient là, tout au plus, les inconvénients partiels auxquels il faut bien se résigner quand on met en œuvre une grande idée.

Il y a même plus. Qu'une série de mesures tout à fait nouvelles tendît à constituer en France une espèce de mandarinat ; qu'il se formât peu à peu une caste de fonctionnaires publics, empreinte du cachet uniforme de l'éducation universitaire, prématurément démêlée du milieu de la foule et marquée par des diplômes et des grades, élevée au-dessus du vulgaire par la supériorité des connaissances qu'on exigeait d'elle, en un mot, brévetée dès son début pour régir et gouverner le pays : tout cela avait un but, tout cela était utile. Il fallait que la nation dominatrice se séparât de bonne heure du milieu de la nation dominée ; qu'elle fût une, identique avec elle-même et étroitement unie à elle-même ; que non-seulement elle possédât les connaissances spéciales à son emploi, mais encore qu'elle maintînt sa supériorité sociale par une certaine dose d'instruction générale, qui en fût à la fois l'appui, la justification et le signe. Tel était ce système vers lequel on gravitait peu à peu, sans en avoir l'entière conscience, dans lequel on était entré par un calcul de la politique et dans lequel la puissance de la logique faisait faire chaque jour de nouveaux pas.

Ce système avait cependant ses dangers, et le premier de tous était l'existence même de ce gouvernement constitutionnel dont la pratique avait poussé dans cette voie. Quoi qu'on fasse, l'incompatibilité est radicale entre la liberté parlementaire et l'absolutisme administratif. Si l'on veut avoir des mandarins comme en Chine, il faut avoir comme en Chine un prince absolu.

Que croyait-on faire, en effet? donner de la force au pouvoir? Que le pouvoir, pour se fortifier, veuille avoir des soldats, je le comprends parfaitement ; de l'argent, mieux encore ; de la force légale, des pouvoirs de police, rien n'est plus simple, et ce n'est pas en fait de police que j'aime à chicaner les gouvernements. Mais que, pour accroître sa force, il réclame des attributions administratives, c'est-à-dire la décision de mille affaires de détail très-indifférentes à l'ordre public, le droit de recruter quelques commis de plus, le droit de faire beaucoup de mécontents, le droit de s'encombrer de beaucoup de paperasses, le droit d'absorber sa pensée et de perdre sa liberté d'esprit dans mille petites questions d'intérêt privé, le droit de rendre son action moins libre, moins prompte, moins dégagée, grâce à cet arriéré de petits procès qu'elle traîne toujours après elle : c'est ce que je n'ai jamais pu comprendre.

Et de plus, ce droit, le pouvoir le réclame pour lui, mais ce n'est pas pour lui qu'il en dispose. Il est entouré de solliciteurs impérieux de l'assistance desquels il a besoin et qui lui marchandent leur assistance. Chaque attribution nouvelle tombe du domaine de l'État dans leur domaine. Le pouvoir s'enrichit et s'agrandit, non pour lui-même, mais pour eux. Il n'est que le dispensateur tiraillé en tous sens d'une influence qu'il a cru acquérir pour son propre compte. Ce n'est plus dès-lors l'administration, telle qu'elle fut sous l'Empire, sévère, exacte, rigide, sous l'œil d'un maître absolu ; c'est une administration gérée pour le compte de deux cent mille électeurs par un ministre gêné, embarrassé, entravé en tous sens. Si l'administration vicie et corrompt la politique, la politique vicie bien plus encore l'administration. Et le pouvoir, qui voit grossir en même temps que ses droits ses embarras, en même temps que sa puissance sa lutte contre ceux qui veulent se la partager, en même temps que les grâces dont il dispose, les solliciteurs menaçants qui se les disputent ; le pouvoir, à force de devoirs à accomplir, finit par n'en accomplir aucun, à force de puissance tombe dans l'impuissance, succombe sous le faix, érige l'inertie en système, et prend pour devise : *Rien, rien, rien.*

Et d'un autre côté, qu'arrive-t-il? On a accoutumé le peuple à tout attendre de la puissance publique, à ne rien attendre de lui-même et d'une liberté qu'on lui refuse. En fait de pouvoir, il accorde tout au gouvernement : mais aussi, en fait de réparations, il attend tout de lui ; en fait de souffrances, il lui impute tout. Cela est juste ; le peuple s'est laissé lier les mains sans regret ; on lui a demandé le droit de tout gouverner, il l'a laissé prendre ; on lui a dit d'espérer tout de son gouvernement, il a consenti très-volontiers à tout espérer. Il ne s'est réservé qu'une chose, le droit de tout critiquer, et si, malgré ses critiques, les choses vont mal, de tout briser !

Et enfin, pour compléter la ruine, ce peuple, privé ou plutôt déchargé de la liberté de faire ses propres affaires, ce peuple, nourri de tant d'espérances et habitué à considérer le gouvernement comme une Providence toute-puissante, mais faillible et punissable; ce peuple a été armé, en fait de critique, en fait d'opposition, en fait de révolution et de bouleversement, d'une liberté à peu près illimitée. Là où, comme en Angleterre, l'homme a la charge et la liberté de ses propres affaires, la liberté politique, la tribune, la presse, le *meeting* ont un but et un seul but : la protection de cette liberté *utile*, comme je l'appelais, la première, la principale, la seule vraie liberté. La tribune peut être violente, la presse insultante, le *meeting* orageux : comme leur but ou du moins leur prétexte est toujours une idée de liberté privée, c'est-à-dire quelque chose de juste, d'équitable, de régulier, le péril n'est jamais excessif, les choses ne vont pas jusqu'à l'extrémité ; l'opposition ne va pas jusqu'à la révolution qui serait le renversement de cette liberté. En France, au contraire, où nous n'avons pas ce but, où cette liberté n'est ni dans nos lois ni dans nos goûts, où la liberté politique n'a pas sa véritable destination, celle d'être la gardienne et la protectrice de la liberté civile ; savez-vous à quoi nous sert la liberté politique ? Aux révolutions. En France, toute opposition, quoi qu'elle veuille, est, par son résultat et sa tendance, révolutionnaire ; tout effort contre le pouvoir tend de fait à le renverser ; la tribune et la presse, n'ayant pas à protéger, si modérées qu'elles soient, ne peuvent que détruire. Ne le savons-nous pas ? et n'est-ce pas une opposition parlementaire, modérée, constitutionnelle, pacifique, qui a, malgré elle et par une sorte d'impulsion inévitable, poussé le dernier pouvoir à sa ruine ?

Les faits ainsi posés : le gouvernement ainsi désarmé par la multitude même de ses armes et la multitude des influences dont il était le serviteur ; — le peuple ainsi accoutumé à tout attendre du gouvernement, à lui tout imputer et à critiquer tout ; — et, entre les mains de ce peuple, des armes d'autant plus terribles qu'elles n'avaient pas leur destination naturelle, la tribune, le suffrage, le jury, la garde nationale, la presse, les barricades, — qui peut nier que la position ne fût glissante et que tôt ou tard on ne dût se briser ? Et pour qu'on ne m'accuse pas de faire le prophète après coup, je citerai un homme nourri cependant dans toutes les traditions du parti libéral d'avant 1830. En 1847, M. Dunoyer, dans un travail d'une pénétration remarquable, disait à peu près ce que je viens de dire et prédisait ce que je rappelle. Son langage presque prophétique coïncidait avec les scandales de cette sinistre année, qui furent comme le *Manè Thecel Pharès* du long festin de la bourgeoisie, et parmi lesquels il fallait compter un éclatant abus (il y en avait eu bien d'autres!) de la toute-puissance administrative. Qu'une cause fortuite ait déterminé la catastrophe de Février, peu importe. Les éléments de la révolution étaient prêts ; il ne fallait qu'attendre. La difficulté radicale croissait chaque jour ; le problème devenait chaque jour plus écrasant, la lutte plus imminente entre le peuple qui demandait tout et le pouvoir qui ne pouvait rien. Le système factice qui prétendait gouverner au moyen de ce qu'on appelait les influences, et satisfaire les influences en mettant le gouvernement à leur service, obligé chaque jour d'élargir sa base, devenait chaque jour plus difficile à porter. Ajoutons à ce danger toujours croissant le danger de l'esprit révolutionnaire auquel le pouvoir révolutionnaire de juillet avait beaucoup trop acquiescé, le danger de l'esprit irréligieux vers lequel depuis quelques années une mauvaise pente l'entraînait : et nous comprendrons que, si la révolution s'est faite par accident, c'est que tout se préparait pour nous rendre incapables de supporter l'accident. En 1848, nous avons péri par un coup de foudre ; mais ce coup de foudre tombait sur un château de cartes.

Et ce qui se passait en France se passait hors de France. Il n'y avait là ni presse, ni opposition parlementaire, ni banquets, ni orateurs imprudents: mais il y avait la même soif d'attributions dans le pouvoir, les mêmes tendances administratives ; la même tâche imposée au gouvernement et également impossible ; la même mise en demeure du pouvoir vis-à-vis du peuple, la même responsabilité ; par suite la même impuissance, la même fragilité, le même péril. La Prusse était pour toute l'Europe et même pour la France l'idéal de la monarchie administrative : l'Autriche faisait la guerre à la dernière ombre de liberté ; elle nivelait les nationalités par l'aide de ses commis, et faisait de la religion elle-même un bureau, du prêtre un employé administratif. Une tuile tombée involontairement des mains de l'opposition parlementaire a suffi pour faire crouler la royauté française ; et quelques éclaboussures de cette chute ont suffi pour faire tomber à leur tour les royautés absolues de Prusse et d'Autriche. Les trois grandes monarchies administratives ont ainsi plié sous l'orage, entraînant avec elles les Etats secondaires allemands ou italiens, qui tous gravitaient dans les mêmes voies. Nulle part, le faisceau énorme d'attributions mis entre les mains du pouvoir ne lui a servi de quelque chose au jour de la ruine. Nulle part les ramifications de la hiérarchie administrative n'ont été pour lui un point d'appui. Nulle part, de ce peuple de commis que la monarchie soldait pour s'en faire un peuple d'auxiliaires, il ne lui est venu le moindre secours, le moindre soutien, la moindre tentative de résistance contre ses ennemis. Ce mécanisme, si vaste et si savant, peut-être commode aux jours de la prospérité, s'est montré au jour du péril parfaitement inutile.

Où s'est arrêtée au contraire la commotion de Février ? Où le sol a-t-il cessé de trembler ? Où la puissance politique a-t-elle tenu bon contre l'orage ? Là où la royauté ne s'appuyait pas uniquement sur des commis. En Angleterre, où le sentiment profond de la liberté individuelle, où les habitudes prédominantes du gouvernement parlementaire, où les traditions de l'aristocratie excluent le despotisme administratif. Dans l'Espagne, trop barbare et trop arriérée encore pour en avoir senti tout le mérite, et où subsiste encore ce prestige de la royauté, difficilement compatible avec la royauté des commis. En Belgique enfin, chez ce peuple à peine né, dans ces étroites frontières pressées de part et d'autre entre deux grands pays devenus des ateliers de révolution. Dans ce pays la royauté, sans souvenir, n'avait qu'une force purement légale ; la nationalité, indépendante pour la première fois, semblait n'exister que sur le papier : mais l'esprit municipal, seule tradition héréditaire, mais la liberté civile et politique, franchement acceptée par le pouvoir et vigoureusement développée par la législation, avait combattu le despotisme administratif et l'avait fait reculer. Partout ailleurs, dans l'Europe occidentale, le pouvoir a succombé : et il a succombé, remarquez-le, sans être poussé à sa ruine par des haines depuis longtemps invétérées ; sans passions violentes qui fermentassent à l'avance ; sous le simple effort d'une démagogie qui n'avait pas encore élevé les peuples à sa hauteur, et dont le triomphe instantané a surpris et effrayé les nations autant que les rois. Les pouvoirs ont succombé, non par la force de leurs ennemis, mais par leur propre faiblesse.

Nous nous sommes rencontrés alors face à face avec le grand ennemi des sociétés, presque inaperçu jusque-là pour les peuples, à peu près dédaigné des gouvernements. Le socialisme s'était fortifié à l'ombre même du pouvoir, sous l'influence de son action, par son exemple. Qui menait plus droit au socialisme que les tendances suivies depuis quarante ans, que dis-je depuis trois siècles par tous ceux qui gouvernaient ? J'ai déjà indiqué par quels points et les anciens pouvoirs monarchiques et les pouvoirs révolutionnaires touchaient au socialisme. Accoutumer le peuple à tout attendre de l'Etat et à donner par conséquent à l'Etat tout pouvoir; pour légitimer cette confiscation des libertés personnelles, faire prédominer la notion de l'*utile* sur celle du *juste;* établir que les hommes au pouvoir ne sont pas soumis aux lois de la morale ordinaire; en un mot, déifier l'Etat : n'est-ce pas là tout le socialisme? A vrai dire, vous ne distinguerez jamais bien entre un despotisme et un autre : ils ont toujours les mêmes prétentions, le même point de départ, les mêmes prétextes, les mêmes principes, la même philosophie. On marche donc depuis longtemps dans les voies du socialisme. Il ne resterait qu'à le faire avec plus de hardiesse, qu'à cesser de tenir compte de ces préjugés du passé que l'on respecte encore : justice, droit, religion, civilisation, liberté.

Et, quant à cette pensée qui transformait le gouvernement en exploitation industrielle, qui suscitait une sorte de mandarinat, qui prélevait l'impôt sur les fortunes, non plus en raison des nécessités communes, mais pour grossir le nombre des affaires publiques et de ceux qui vivent des affaires publiques : n'était-ce pas là le rudiment informe, mais distinct, d'une organisation presque phalanstérienne? Il n'y avait plus qu'à élargir encore la base; accroître encore les attributions du pouvoir, le nombre des agents, la dépense des contribuables; prélever chaque jour une somme plus forte sur les oisifs détenteurs de la propriété privée, pour grossir la propriété publique; recruter davantage la tribu active et méritante des serviteurs du pouvoir : et l'on fût arrivé, en fin de compte, et si Dieu, par impossible, eût permis qu'une telle pensée fût mise à exécution pendant une dixaine de générations, à se saisir de tous les biens et à nourrir tout le monde, en faisant travailler tout le monde; en d'autres termes, au communisme le plus parfait.

Les socialistes ne font donc autre chose que se saisir des vieilles armes païennes dont les pouvoirs s'étaient remis en possession au XVIe siècle; et cela pour en user avec moins de ménagement, avec une absence plus absolue de Christianisme, avec un silence plus parfait de la conscience, avec une plus complète ignorance des hommes, de la civilisation et de l'histoire. Ce sont des Louis XIV excessifs, aveugles et brutaux. Ce que le pouvoir n'avait osé que sur une petite échelle, ils l'osent sur une grande. Ce qu'il n'avait tenté que partiellement, ils l'essaient sur le tout Ce qu'il n'avait entrepris, dans la pratique du moins, que sur un petit nombre des rapports humains, ils l'entreprennent sur la totalité des rapports humains. Propriété, culture, industrie, commerce, famille, science, religion, ils prétendent tout confisquer et tout envahir, tandis que les anciens pouvoirs se contentaient, pour l'ordinaire, de tout tenir sous leur main, et ne confisquaient que des fragments. On posait le principe, ils le pratiquent. Ils exagèrent l'abus ; par suite, ils exagèrent le danger. Et si, par impossible, un gouvernement communiste pouvait exister quelques jours ; si, par impossible, il ne succombait pas immédiatement par ce principe d'anarchie que les entreprises impies entraînent avec elles, par cette confusion des langues, châtiment immédiat de quiconque veut construire une Babel : il périrait comme a péri le gouvernement de Juillet, par l'immensité de la charge qu'il se serait donnée, par l'impossibilité de satisfaire à tous les besoins, après avoir ravi toutes les libertés, par l'habitude donnée aux hommes de tout laisser faire au pouvoir et de tout attendre de lui.

La question se trouve donc posée aujourd'hui comme elle ne l'avait jamais été. Ce sont les gouvernements qui sont, pour peu qu'ils le comprennent, les plus intéressés à la liberté (je parle toujours ici, non de la liberté politique, mais de la liberté civile). Ce sont leurs anciennes doctrines d'absolutisme qui doivent les épouvanter le plus : leur plus redoutable ennemi n'est que leur imitateur. Cette triple suprématie sur les hommes, sur les consciences, sur les biens, qu'ils ont érigée en principe et qu'ils ont eu une telle ambition d'exercer : à son tour voilà le socialisme qui l'érige en principe comme eux, qui prétend l'exercer d'une manière plus violente et plus absolue, et qui par cela même a de plus séduisantes promesses à faire aux peuples qui aliéneront entre ses mains leur liberté. A la séduction de ces promesses les gouvernements ne peuvent opposer aujourd'hui qu'une seule notion, un seul sentiment : ce goût inné d'indépendance qui est au fond de tous les cœurs ; ce besoin, au moins dans une sage mesure, de liberté domestique, civile, personnelle, religieuse. Ils sont en face d'une doctrine, qui, en retour des plus insensées, mais aussi des plus séduisantes espérances de satisfaction matérielle, exige le sacrifice de tout ce qui est le bien propre de chacun de nous : patrimoine, foyer, famille, honneur, dignité, pensée, conscience, foi. Que faire, si ce n'est de nourrir dans l'homme l'amour naturel qu'il a pour tout ce qui lui est propre, pour son patrimoine, pour son foyer, pour sa famille, et, dans une sphère plus abstraite, pour son honneur, pour sa dignité, pour sa conscience, pour sa pensée, pour sa foi? Que faire, si ce n'est de pousser jusqu'à la superstition ou du moins jusqu'au scrupule le respect dû à tous ces éléments de la liberté humaine, tant que l'homme lui-même ne les compromet pas par ses propres fautes? Tous ces sentiments, les gouvernements n'ont que trop cherché à les étouffer ; aujourd'hui ils en ont besoin. Il faut qu'ils en prennent leur parti, et qu'ils en viennent, absolus ou constitutionnels, peu importe, à chercher le soutien là où ils n'ont que trop souvent porté la menace, à demander aide à cette triple liberté qu'ils ont jalousée tant de fois : liberté de la personne, liberté des biens, liberté de la conscience.

Et en effet, si à cette heure quelqu'ordre s'est rétabli en Europe, si la France s'est pacifiée, et si la pacification de la France a permis aux monarchies européennes de se relever un peu de leurs ruines, non sans beaucoup de douleur et beaucoup de sang ; à qui le doit-on ? Aux principes traditionnels de l'absolutisme administratif? Personne ne le pense. On le doit d'abord à la force, disons mieux, à l'esprit et à l'honneur militaire, c'est-à-dire à un de ces sentiments individuels que le socialisme tend à étouffer comme les autres, et qui n'a rien de commun avec les traditions administratives. Mais on le doit aussi à cet effroi que l'homme a ressenti à la vue de l'invasion socialiste, pour tout ce qui lui appartient en propre, pour tout ce qu'il a de cher au monde, pour son patrimoine, pour sa famille, pour sa dignité, pour sa religion, en un mot pour la liberté de tout son être. On le doit à cette puissance du sentiment personnel révolté contre le communisme, à cette énergie de l'individu protestant contre l'absorption, à cette invincible résistance de la liberté contre l'éternel envahissement de l'Etat.

Cette impression a été celle des pouvoirs politiques eux-mêmes, et nous en avons la preuve dans ces mémorables paroles qui inaugurèrent le ministère du 20 décembre : « Nous n'entendons pas, disait M. Odilon Barrot, que la main de l'Etat se retire de tous les points auxquels s'était étendue son assistance ; mais nous croyons qu'il ne doit entreprendre que dans la mesure de ses forces, qu'il ne doit pas tout faire, ni, à plus forte raison, tout faire à la fois. Nous appelons à notre aide l'esprit d'association et les forces individuelles... *Notre société a contracté la déplorable habitude de se reposer sur le gouvernement des soins auxquelles pourvoit, chez les autres nations, l'activité individuelle.* De là cette recherche des places et des subventions, qui avait corrompu, qui a fini par ruiner la monarchie. »

Ces paroles sont au nombre des plus précieuses qu'un gouvernement ait prononcées. Il est de ces choses qu'on n'ose pas nier, mais qu'on n'ose pas dire. Ce que disait ce jour-là M. Barrot, peu d'hommes politiques l'eussent expressément contredit. Nul homme du pouvoir ne l'avait dit avant lui. Ces paroles, en effet, si on les pèse bien, inauguraient toute une politique nouvelle, une politique non plus d'envahissement, mais de respect, non plus de domination, mais de conservation, non plus d'habileté, mais de droiture. Il est temps que ce changement se fasse, et que le pouvoir politique arrive enfin à des allures plus salutaires que celles qui depuis soixante ans nous ont précipités de révolutions en révolutions.

Essaierai-je d'esquisser plus en détail quelle doit être cette politique nouvelle, que le pouvoir restauré après la crise de février nous a promise, et dont il a besoin autant que nous? en quoi elle doit différer de l'ancienne? quelle en est l'urgence trop facilement oubliée? La tâche est bien difficile, et je sens en l'envisageant toute ma faiblesse. Mais, dans un temps comme le nôtre, chacun doit à la société en péril le tribut de ses efforts, de ses pensées, de ses conjectures, de ses erreurs mêmes; car il est de certaines erreurs qui peuvent mener à la vérité.

CONCLUSION.

J'arrive au bout de ma tâche et je sens trop combien j'ai présumé de mes propres forces et de l'indulgence de ceux qui me lisent pour ne pas avoir hâte de finir. J'ai cependant encore quelques pensées à résumer, quelques points de vue à indiquer, quelques conseils à aventurer avant de dire adieu aux lecteurs; je le ferai aussi brièvement que possible.

J'ai signalé dans la société un triple mal, ou plutôt un triple aspect du même mal : l'irréligion, la révolution, le socialisme. Ce triple mal, je le trouve partout, plus ou moins développé : — dans les esprits, — dans le pouvoir, — dans l'éducation.

Dans les esprits, l'irréligion domine. La négation peut être plus ou moins décidée, le doute plus ou moins avoué; il est certain que la foi n'y est pas précise, pratique, maîtresse de l'homme comme elle doit l'être, et j'ai remarqué comment cette incrédulité commune du peuple français se traduit aux yeux par un signe entre tous éclatant et public, l'inobservation du jour du Seigneur.

La révolution domine aussi dans les esprits. Non pas sans doute que nous aimions à cette heure la révolution qui pèse si durement sur nous; non pas que nous n'ayons, dans notre inquiétude et notre peur, d'immenses aspirations de stabilité, de profonds regrets pour les temps où la vie publique était plus paisible; mais tout cela n'est que l'impression du moment et de l'heure, le mouvement instinctif de notre égoïsme effrayé. Tout cela n'atteint pas le fond; tout cela ne relève pas au fond de nos âmes le sentiment opposé à celui qui fait les révolutions, le sentiment du respect. Depuis le respect de Dieu jusqu'à celui du père de famille, tout ce qui est sentiment de vénération, tout ce qui est culte, tout ce qui est abaissement de soi-même a disparu. Et entre ces deux sortes de respects, l'un si haut, l'autre si intime, tous deux si naturels, si nécessaires, si impérieusement commandés à la famille humaine, faut-il nous étonner que le respect pour le pouvoir ait également péri? que nous soyons, dans le domaine de la politique, orgueilleux et méprisants, lorsque nous le sommes dans le domaine de la religion et dans celui de la famille?

Enfin le socialisme est dans les esprits et à un degré plus marqué qu'on ne le pense; parce que d'un côté cette irréligion de notre esprit et cette insoumission de notre cœur nous conduisent, comme au seul but acceptable de notre vie, à la recherche des jouissances matérielles et à l'étude du bien-être, grand point de départ du socialisme; parce que, d'un autre côté, les habitudes politiques que notre paresse nous a faites nous conduisent à nous reposer de tout sur le pouvoir, tout en méprisant le pouvoir, à lui remettre toute puissance et à tout attendre de lui, ce qui est le grand moyen d'action du socialisme.

Les vices qui sont dans nos esprits et dans nos mœurs sont aussi dans les institutions et dans le pouvoir. Cela est tout simple : les mœurs font les lois. — Les institutions sont irréligieuses; j'ai dit jusqu'à quel point et pourquoi. J'ai rappelé ces deux grandes fondations qui dans la pensée de nos législateurs devaient contrebalancer le Concordat, et servir de tempérament au Christianisme : l'Université et la suprématie du pouvoir civil sur l'Eglise. Et j'ai indiqué ce qui est à mes yeux la manifestation la plus palpable et la plus visible de l'irréligiosité officielle de notre pays, l'abandon spirituel du soldat et du matelot. — Les institutions sont révolutionnaires, au moins par bien des côtés : et pour n'en citer qu'un seul, quel commode instrument de révolution que cette concentration de toute chose, de toute force, de toute vie publique, de toute action politique dans une métropole qui est le rendez-vous inévitable de toutes les turpitudes et de toutes les misères, *quò omnia nefanda confluunt cele-*

branturque, dans une cité de douze cent mille âmes qui, en grande majorité, ne lisait autre chose, il y a quelques mois, que *le Peuple* de M. Proudhon! Ce sera un problème pour l'avenir, explicable par ce désir inné à l'autorité de tout attirer à soi, que le pouvoir ait toujours poussé à cette suprématie parisienne qui a ruiné tous les pouvoirs. — Enfin les institutions sont socialistes, également par beaucoup de points; par ce même désir de tout attirer vers la puissance politique; par ce besoin de tout faire ou plutôt d'être seul en droit de faire quoi que ce soit, qui a possédé tous les gouvernements; par ces tendances toujours vivantes au sein des administrations vers la suprématie absolue sur les hommes, sur les propriétés, sur les consciences.

J'ai parlé enfin de l'éducation. J'aurais besoin de m'étendre un peu sur ce sujet que jusqu'ici j'ai à peine touché. L'éducation peut-elle ne pas être ce que sont les mœurs? et, chez nous, il faut ajouter : peut-elle ne pas être ce qu'est le pouvoir? Son triple caractère, irréligieux, révolutionnaire, socialiste, est assez visible.

Sans rien pousser à l'extrême, en concédant aux amis de l'Université plus qu'il n'est possible de leur concéder, il faudra du moins qu'ils conviennent que l'Université a reçu pour mission de tempérer la religion. Or, de bonne foi, en un siècle qui a eu pour point de départ les sacriléges de 1793 et le culte de la déesse Raison, chez un peuple qui a lu soixante éditions de Voltaire et de Rousseau, et qui, même lorsqu'il ne les a pas lus, ne jure que par eux, dans un pays qui a fait un grand homme, presque un patriarche du chansonnier Béranger et qui ne connaît d'autres cantiques que ses refrains; tempérer la religion était-il donc la chose la plus nécessaire et la plus urgente? Et pourquoi se plaire ainsi à vivre dans un perpétuel et singulier anachronisme, qui nous fait redouter au XIXe siècle la puissance cléricale du moyen âge et nous tient dans une perpétuelle appréhension des entreprises de la tiare, des prétentions de la mître, des envahissements de la soutane?

L'éducation est révolutionnaire. On peut ici juger l'arbre par ses fruits. Les gouvernements se sont emparés de l'éducation, sans doute pour que cette arme ne fût pas tournée contre eux, et pour former à l'obéissance envers eux les générations futures. On doit convenir qu'ils ont médiocrement réussi. Ce mécanisme d'éducation, qui devait rendre aux gouvernements des générations selon leur cœur, leur a donné des générations tout opposées. Soit que la cause en fût dans l'essence même d'une institution comme l'Université; soit que cette corporation, recrutée au sortir même de la crise révolutionnaire, ait dû appeler à elle bien des éléments dangereux ; l'esprit de révolution, de révolution éternelle et permanente s'y est implanté, et, quoi qu'on ait pu faire, n'en est jamais sorti. Le pouvoir a doté l'Université, il l'a ornée de priviléges, il lui a constitué un monopole, il lui a voté un budget de plusieurs millions ; en un mot il a sacrifié tant et plus de notre argent et de notre liberté pour rendre plus universelle une éducation qui ne lui formait et ne lui formera que des ennemis. Je ne sais au juste dans quel coin de l'Université le mauvais levain s'est conservé ; mais il s'est conservé toujours, mais il a toujours fermenté, mais il n'a cessé de corrompre la masse tout entière. Successivement dotée par l'Empire, par la Restauration, par Louis-Philippe, par la République, l'Université a donné à l'Empire des royalistes, à la Restauration des libéraux, à Louis-Philippe des républicains, à la République, des socialistes. A chaque crise du pouvoir, de petits révolutionnaires ont enfoncé les portes du collége, et sont allés prendre le fusil contre le gouvernement paternel qui payait leur éducation.

Remarquez les dates : chaque gouvernement en France succombe sous l'effort de la génération même qu'il a élevée et au moment où elle arrive à âge d'homme. Quand Bonaparte est tombé, c'est que les premiers élèves de M. de Fontanes étaient déjà hommes du monde, prenaient la cocarde blanche et criaient *Vive le roi!* Quand Charles X est parti, c'est que la jeunesse élevée par M. Frayssinous était enfin émancipée, et forçait la consigne de l'École polytechnique pour aller aux barricades. Quand Louis-Philippe a pris la fuite, c'est que les nourrissons de cette chère Université que Louis-Philippe avait prise si fort à gré depuis quelques années, initiés plus tôt encore que leurs devanciers à la vie politique, de leurs salles d'étude appelaient le peuple à eux, pour que le peuple leur ouvrît les portes et leur donnât des armes. Et aujourd'hui encore, pas une émeute dans la rue qui n'ait eu son retentissement dans les colléges ; pas un club qui n'ait eu sa contrefaçon dans les dortoirs ; pas une atrocité révolutionnaire, pas une absurdité socialiste qui ne circule dans les pensions et n'y soit acceptée comme parole d'Evangile. Tels sont ces ateliers de bonnes doctrines qui, au mois d'août de chaque année, ouvrent leurs portes, et lâchent sur la société un essaim de cette charmante jeunesse, qui n'a rien appris, si ce n'est à maudire la société et à la combattre.

Enfin, disais-je, l'éducation est socialiste. Elle l'est par un vice bien ancien et bien profond, souvent dénoncé, rarement pris en considération sérieuse. Certes j'apprécie plus que personne les efforts que l'on fait pour donner à la pensée religieuse une influence plus grande et surtout plus libre sur l'éducation ; il ne faudra pas croire pourtant que tout soit fait, même quand on aura fait cela. Il y a, dans toute l'éducation française, un vice de constitution qui subsistera encore et rendra l'influence religieuse trop souvent inefficace : je veux dire l'absence de proportion entre l'éducation de chacun et son avenir.

Je me rappelle ici qu'en un jour d'enthousiasme classique et révolutionnaire, M. Villemain louait ce qu'il appelait cette égalité d'instruction, qui, en 1789, disait-il, avait fait rencontrer dans toutes les classes et dans les positions les plus diverses des hommes propres à la tribune, à la presse, à la vie politique. Pour moi, qui ai eu le malheur de ne pas admirer 1789, je crois que c'était là une calamité ; et que la libéralité imprudente de l'Université de Paris, qui, au commencement du siècle, avait rendu les études gratuites, ne laissa pas de contribuer beaucoup à l'égarement des esprits en 1789, à l'activité du principe révolutionnaire, à tous les maux enfin de cette époque. Elle ne se doutait guère qu'elle formait des hommes de club et de tribune ; des hommes qui, ne sachant que faire de leurs inutiles talents, inventeraient une révolution pour les exercer. Les humanités ne sont plus gratuites, grâce à Dieu ; mais elles n'en sont pas moins offertes à tous ; mais elles n'en sont pas moins la seule éducation possible pour quiconque veut donner à son fils l'ombre d'éducation ; mais l'État n'en fait pas moins d'énormes sacrifices d'argent pour mettre à la portée du plus grand nombre possible cette instruction classique, si parfaitement inutile au plus grand nombre. La véritable égalité serait celle qui, sans mettre une éducation au-dessus d'une autre ni une fonction sociale au-dessus d'une autre, donnerait à chacun l'enseignement le plus propre à le rendre capable de bien exercer la fonction sociale qu'il choisirait. L'égalité, au contraire, telle que nous la pratiquons, impose à tous une éducation uniforme, sans se demander si, utile à quelques-uns, cette éducation n'est pas inutile aux autres, et si donner ainsi à l'un ce qui lui sera utile, à l'autre ce qui ne lui servira de rien, n'est pas pécher par une véritable et profonde inégalité.

Le mal est le même à tous les degrés de l'échelle. Vous prétendez former des maîtres d'école, et vous leur apprenez ou vous êtes censé leur apprendre (je ne veux pas approfondir ici la réalité de toute cette science) mille choses dont ils n'auront jamais à parler aux petits paysans qu'ils instruisent : vous en faites des hommes trop déshabitués du travail manuel pour y revenir, trop fiers de leur prétendu savoir pour se contenter de l'humble métier de maître d'école; et comme un peu de parlage est en définitif le reliquat le plus net de leur instruction, ils se font chefs de clubs, meneurs révolutionnaires, socialistes emportés, maudissant, non sans quelque motif, la société qui leur a fait en les élevant un si triste cadeau. A son tour l'élève de vos colléges, dont les parents se sont imposé les plus durs sacrifices pour lui donner ce que, sur la foi de l'État, ils appelaient une bonne éducation, ou même l'élève de vos petits séminaires, quand sa vocation ne répond pas au désir de la charité chrétienne qui lui a donné gratuitement le pain de la science, est jeté dans le monde, préparé aux seules carrières que lui ferme la médiocrité de sa fortune, inhabile à celles que sa position lui conseillerait; en un mot, inepte à tout, si ce n'est à pérorer dans un club, à écrire dans un journal, ou à devenir, si de guerre lasse il prend l'habit de soldat, un meneur socialiste sous les galons de sergent: et vous vous étonnez qu'avec une préparation si bien adaptée au résultat, la race des journalistes, des clubistes, des sous-officiers démagogues aille pullulant chaque jour! Et pour monter un degré de plus, vos élèves des hautes écoles, que vous avez nourris de la plus orgueilleuse de toutes les sciences, de celle qui est la plus en dehors de la vie humaine, et par conséquent la plus propre, quand rien ne la tempère, à fausser la vie; qui savent toutes les abstractions et pas une seule réalité; auxquels vous avez enseigné le savoir, jamais le devoir; et auxquels vous ne sauriez offrir, nombreux comme ils sont, une situation proportionnée à leur science, à leur mérite, à leur génie: les élèves de vos hautes écoles, persuadés qu'ils sont tous des Archimède doublés de Platon, inventent le fouriérisme, le saint-simonisme, le phalanstérianisme, et, tant qu'ils ne seront pas à la tête de la société, dénoncent à la société un état de permanente révolution.

En tout, comme pour mieux faire la guerre au droit privé et dégoûter chacun de ce qui est à lui, vous élevez chacun de manière à lui faire mépriser et délaisser tout ce qui lui est propre: son patrimoine, sa famille, la profession de son père. Élevé par l'État et pour être bon aux seules affaires de l'État, n'est-il pas juste que l'État le nourrisse, le glorifie, le satisfasse? On ne saurait mieux faire les affaires du socialisme. Et pour les faire mieux encore, cette éducation est vide et fausse autant qu'elle est mal dirigée. Comme si vous craigniez que les lumières naturelles de son esprit ne détournent votre élève de la voie révolutionnaire, vous lui donnez tous les enseignements qui peuvent l'égarer, aucun de ceux qui peuvent le conduire. Non-seulement, tout ce qui est ressource véritable, tout ce qui est aptitude pratique, vous le lui refusez : mais l'étude des hommes, vous ne la lui donnez point; mais le discernement, vous ne le lui donnez pas; mais la science elle-même, vous ne la lui donnez guères. Vous ne lui donnez en définitive que le talent, ou ce qui ressemble au talent; le plus dangereux de tous les dons, quand il est seul; le plus éminemment propre aux révolutions, car il donne à l'homme plus de puissance sans lui donner plus de bon sens.

Voilà donc le mal dans les esprits, dans le pouvoir, dans l'éducation; et indiquer le mal en pareille matière, c'est à peu près indiquer le remède. Le remède est à nous tous en notre pouvoir. Chacun de nous fait partie de ce tout qu'on nomme le peuple. Chacun de nous, en s'examinant sérieusement, en passant ses idées et ses habitudes au creuset de l'expérience et du danger public, gravitera davantage de l'incrédulité vers la foi, de l'esprit de révolution vers l'esprit de conservation, des tendances socialistes aux tendances qui favorisent le droit privé. Chaque citoyen, en se réformant lui-même, travaillera à la réforme de l'esprit public; la réforme de l'esprit public amènera celle du pouvoir; et le pouvoir, aidé de l'opinion, n'aura pas de peine à opérer la réforme de l'éducation.

Mais, pour nous arrêter plus spécialement sur ce que nous demandons aux pouvoirs publics, quatre points, ce me semble, résument assez complétement notre pensée et doivent particulièrement fixer leur attention : l'Église, — l'enseignement, — l'assistance publique, — l'administration. Et sur ces quatre points; sans parti pris à l'avance, sans théorie absolue (personne n'est plus éloigné que moi des théories absolues), nous arrivons à une conclusion uniforme : nous arrivons à faire prévaloir, d'une manière non pas sans doute exclusive, mais dominante, un principe qu'il faut bien appeler par son nom : la liberté.

Quant à l'Église : veut-on rester dans le vieil anachronisme gallican, forger toujours, comme disaient les parlementaires d'autrefois, des boucliers contre les foudres de Rome, et, en considération de l'énorme péril qui existe de ce côté, entraver l'action religieuse, atténuer l'influence de la foi, diminuer comme à plaisir la dose et la puissance de ce seul antidote que la société possède contre le socialisme et le communisme, contre toutes les variétés de la barbarie renaissante dans les égoûts de la civilisation? En d'autres termes, a-t-on peur du Pape plus que de Proudhon, et veut-on se désarmer contre le communisme afin de ne pas se désarmer contre l'Église? Je ne le pense pas. Et, d'un autre côté, voudrait-on recommencer la malencontreuse tentative de la Restauration, implanter l'Eglise dans le pouvoir au lieu de la laisser s'implanter dans la société, faire le pouvoir catholique et l'Église ministérielle, faire du prêtre un commis et du magistrat un bedeau, convertir et prêcher par ordonnance? Je ne le pense pas non plus. Entre ces deux sentiers pleins d'épines et marqués de tant de chutes, il n'y a plus qu'un chemin, celui de la liberté de l'Église; cette liberté qu'aujourd'hui, par la tenue de ses conciles, elle commence à reprendre noblement, paisiblement, gravement, pacifiquement, laissant à peine place aux reproches de ses ennemis, et réduisant le gallicanisme à approuver, faute de pouvoir désormais l'interdire, ce que depuis trois siècles il interdisait.

Quant à l'enseignement : plus on comprendra la nécessité radicale de la réforme, et plus on en viendra à une conclusion pareille. Ce n'est pas que je suppose le moins du monde à la liberté une vertu innée pour produire le bien; mais je crois que ce n'est pas trop des efforts de tous les gens de bien pour accomplir une tâche où l'État lui-même, avec toute sa puissance, a défailli. Or, appeler les efforts de tous les gens de bien, en excluant les autres par des lois répressives, c'est là justement ce que je nomme la liberté. Croit-on, par exemple, que le jour où l'on viendra à reconnaître le mal radical de toute l'éducation actuelle, la disproportion entre l'instruction de chacun et son avenir; où l'on voudra sérieusement y remédier; où l'on reconnaîtra dans l'enseignement la tradition partout mauvaise, sans savoir où trouver une tradition différente, on ne comprendra pas alors la nécessité d'ouvrir toutes les portes, d'appeler tout le monde, de n'exclure personne, d'accepter tous les essais, de laisser libres, quand ils sont apportés par des mains honnêtes, toutes les méthodes et tous les systèmes? Croyez-vous que cette grande tâche s'achève jamais et qu'une réforme fondamentale s'opère dans l'éducation française, l'État demeurant en possession complète de l'enseignement, ayant toujours ses antécédents dont il ne voudrait pas dévier, ses professeurs auxquels il ne voudrait pas donner de chagrin, ses méthodes qu'il ne voudrait pas changer pour d'autres, ses routines qu'il ne voudrait pas délaisser, n'ayant de stimulant que le pur zèle du bien public, de moteur que la simple volonté d'un ministre, et ayant pour l'enrayer le poids de toute une corporation?

Ici le devoir de l'Etat sera, si je ne me trompe, d'autant plus simple, que la route qu'il a suivie a été plus fausse. Nul plus que lui ne nous a poussés dans la voie d'un enseignement exclusif, le même pour toutes les fonctions et pour toutes les classes. Cet enseignement, il l'a constitué, doté, payé, honoré, dans la personne de son Université, tandis qu'il n'en payait, il y a plus, qu'il n'en permettait, qu'il n'en tolérait aucun autre. Ce n'est pas assez : et il s'est mis autant qu'il a pu à la porte de toutes les carrières, pour s'assurer que ses volontés avaient été accomplies, et que ceux qui se présentaient avaient bien et dûment consacré dix années de leur vie à une étude inutile au plus grand nombre d'entre eux. On sait jusqu'à quel ridicule cet abus a été poussé, comment le baccalauréat était devenu une véritable manie dans les bureaux de l'instruction publique, si bien qu'on l'exigeait (si on ne l'exige encore) des gardes des forêts et des élèves en pharmacie. L'Etat avait dans ses colléges sa fabrique de *prolétaires éloquents*, pour me servir d'une expression de M. Guizot ; et pour que la race s'en multipliât chaque jour, tout était sacrifié à ces colléges : petits séminaires, grands séminaires, écoles privées, écoles spéciales, facultés, tout devait s'anéantir devant eux et laisser aux régents de rhétorique et de philosophie le droit de former exclusivement l'esprit et le cœur de la jeunesse. Si les journalistes, les romanciers et les orateurs de clubs abondent en France plus que nulle part ailleurs, l'honneur en revient aux gouvernements plus qu'à personne ; car personne n'a travaillé plus qu'eux à propager cette éducation qui ne laisse, les études finies, d'aptitude que pour le journal, le club, le feuilleton et le théâtre. Trouve-t-on aujourd'hui cette voie mauvaise ? il n'y a rien à faire qu'à prendre absolument la voie opposée : tolérer autre chose que des colléges et un autre enseignement que la rhétorique et même la philosophie ; laisser se relever, par les maisons religieuses, l'enseignement chrétien ; par les facultés, la science sérieuse et positive ; par les écoles spéciales, l'instruction appropriée à toutes les carrières ; par la liberté des écoles privées, le progrès dont l'éducation française a tant besoin ; demander à chaque carrière, au lieu d'un certain fonds de littérature superficielle, les connaissances qui sont utiles à chaque carrière et dans le degré où elles sont utiles ; en d'autres termes, il faut faire pour réparer la plaie sociale tout le contraire de ce qui a servi à l'envenimer.

Vient la question de l'assistance, puisque c'est aujourd'hui le mot légal. Il faut que je touche un moment ce sujet, dont j'ai à peine parlé, et qui est si grave. Il y a quelque chose à faire, dit-on, à cet égard. Il y a un contre-poids à opposer au socialisme ; il faut montrer aux classes souffrantes que nous avons pour elles une pitié aussi sincère et plus utile que celle des révolutionnaires ; que le principe de la propriété et du droit privé peut les soulager et améliorer leur sort mieux que le principe de la spoliation ne l'améliorera. Il y a quelque chose à faire, dit-on : et depuis dix-huit mois on ne fait rien. Je ne conteste pas en pareille matière l'intervention même directe de l'État ; je ne la conteste nulle part, pas même en ce qui touche l'enseignement et l'Église, pourvu qu'on reconnaisse qu'elle a des bornes, qu'elle cède le pas à la liberté ; qu'elle soit une exception, très-rare en matière de religion, parce que c'est là le domaine propre de la conscience ; moins bornée en matière d'enseignement, parce que la question temporelle y est touchée de plus près ; plus large encore en matière d'assistance, où l'État se trouve plus souvent appelé d'une façon nécessaire, mais là encore une exception. Cependant, il faut en convenir, *organiser* la charité de l'État (quand nous déferons-nous donc de cette mauvaise phraséologie révolutionnaire qui entraîne après elle les idées révolutionnaires ?), *organiser* la charité de l'État est chose difficile. Quand on la veut universelle et absolue, on tombe dans la taxe des pauvres, dans le socialisme, dans les impossibilités, dans les chimères. Quand on la veut même partielle et modérée, on se heurte encore de toutes parts contre des obstacles ; le bien que l'on voudrait faire d'un côté se tourne en mal d'un autre ; on hésite, on cherche, on tâtonne. C'est ce qui se fait depuis dix-huit mois.

Mais en attendant qu'on eût résolu ce problème, ou plutôt un de ces problèmes, n'y avait-il pas quelque chose de plus simple à faire ?

La grande, la vraie charité sera toujours, non celle de l'État, mais celle de l'homme : et je ne connais rien de plus détestable dans le parti socialiste que l'indigne manœuvre par laquelle il a voulu déshonorer l'aumône, afin d'enlever au pauvre le soulagement que lui donne la charité du riche, afin de l'enfoncer davantage dans son ingratitude, dans son désespoir, dans sa révolte, dans sa haine ; lui faisant d'une main refuser ce qui lui est offert, pour que de l'autre main il prenne ce qui ne lui appartient pas. Je pardonne au socialisme ses insurrections et ses complots ; je ne lui pardonne pas cet odieux mensonge, par lequel il accroît la souffrance, afin d'accroître la révolte : et, pour le dire en passant, je serais curieux de savoir comment les abbés socialistes, puisqu'il y en a, qui prétendent accommoder le Christianisme avec leur doctrine, concilient ce mépris de l'aumône avec l'Évangile, qui prêche l'aumône. Le socialisme, au reste, en faisant cela sait bien ce qu'il fait. Il sait que la charité est son grand adversaire, et il spécule trop sur les plaies des pauvres pour que quiconque panse les plaies des pauvres ne soit pas son ennemi. Mais ce qui est déplorable, c'est que tant de gens qui ne sont pas socialistes aient répété sur ce point le dicton de leurs ennemis, et que, dans tout un monde d'hommes d'Etat, de philosophes, d'économistes, de grands administrateurs, il soit reçu que l'aumône dégrade. L'aumône ne dégrade pas celui qui la reçoit plus qu'elle ne dégrade celui qui la fait. L'aumône de l'homme ne dégrade pas plus que celle de l'État; tout au contraire, l'aumône de l'homme, inspirée par un mouvement du cœur, accompagnée de paroles consolantes, est plus honorable que l'aumône de l'État, qui est affaire de police, que des agents payés distribuent par ordre de numéros; qui n'est accompagnée ni d'un geste qui honore ni d'une parole qui relève. Il serait étrange que, sous le régime officiel de la fraternité, le frère dût avoir honte d'être secouru par son frère. Et il serait déplorable surtout que, cédant à un sentiment d'orgueil exploité par la haine, nous retranchassions à la misère son plus réel et son plus honorable soulagement, à la classe pauvre sa meilleure tutelle, à la société sa défense la plus sûre et son plus grand moyen de salut.

En fait de charité, c'est donc toujours à la charité privée qu'il en faut revenir. Elle, du moins, n'a pas besoin de longues discussions qui la préparent; elle ne demande pas qu'on l'*organise; organisée* ou non, elle marche, elle vit, elle soulage. Pourquoi donc ne pas commencer par elle, et ne pas lui donner dès l'abord ce qu'on peut lui donner d'un mot, et la seule chose qu'elle demande, la liberté? Chose étrange! Nous nous épuisons à rêver dans la sphère, hélas! si aride de la politique, des moyens de soulagement pour les classes pauvres; nous voyons dans leurs souffrances une plaie sociale, et nous y voyons surtout (car nous sommes des égoïstes) un péril; nous sentons qu'il faut que d'une manière ou d'autre une portion du superflu de la classe aisée aille soulager les blessures de la classe souffrante; nous cherchons les moyens d'attirer à nous, puissance politique, ce superflu pour le déverser sur les pauvres. Et pendant ce temps, en vertu des *lois existantes*, si quelque portion du superflu des riches veut se déverser sur les pauvres, elle n'est pas libre de le faire. Si un riche veut de lui-même s'exécuter et faire par charité ce qu'on lui demandera par politique, il rencontrera des obstacles. Si je veux léguer ma fortune aux pauvres, il y a là le conseil d'Etat qui trouvera que je lègue trop. Si je veux donner aux pauvres de mon curé, il y a là le bureau de bienfaisance qui ne me permet de donner qu'à ses propres pauvres. Si je choisis une société charitable pour distributrice de mes aumônes, il y a là les admirables *lois existantes* pour me dire que cette société n'est pas autorisée et ne peut acquérir un denier d'une manière légale. Voilà certes, pour un temps comme le nôtre, pour un siècle qui a besoin de la charité comme jamais siècle n'en eut besoin, voilà une législation bien admirablement inventée, et que nous avons bien raison de conserver précieusement! Il serait si dangereux qu'on fît un peu trop l'aumône en ce pays-ci; si dangereux que la charité imposât trop silence au socialisme; si dangereux que l'Etat, qui s'est donné la rude tâche de l'assistance, fût trop aidé dans cette tâche par la bonne volonté des particuliers! Ici, comme en matière de religion, on a eu peur du trop de bien. Nous allions devenir capucins en 1802; la France se serait couverte de monastères; le premier consul fût devenu moine et se serait laissé mener par son confesseur : c'est pour cela qu'on a fait les articles organiques et l'Université. Aujourd'hui, nous avons peur d'être trop aumôniers; les pauvres, accablés de nos dons, seront trop riches; ils deviendront eux-mêmes propriétaires, et il n'y aura plus moyen pour le socialisme de les exploiter. Aussi avons-nous fait et conservons-nous, avec cet admirable sentiment du besoin et du danger public qui nous caractérise, notre législation sur les pauvres, ou pour mieux dire contre les pauvres. En même temps il est vrai que nous travaillons à *organiser l'assistance publique;* mais nous n'avons jusqu'ici rien *organisé* du tout. Pour affranchir la charité privée, il y aurait beaucoup moins de labeur, de projets de loi, de commissions, de rapports; il ne faudrait qu'une loi de quatre lignes, qui pourrait être votée en une demi-heure : ce serait trop simple.

Enfin dans l'administration, qui, sans aucun doute, par sa natnre appartient à l'Etat, il y aurait néanmoins à juger si l'Etat n'a pas étendu son domaine outre mesure et s'il ne doit pas faire un peu de place à la liberté. Il y a d'abord la liberté collective de la commune, de la cité, de la province. Tout le monde, ou à peu près, convient qu'il y a une part à lui faire. Le mot de *décentralisation* a pris faveur. Je n'aime pas ce mot : il est, en plus d'un sens, médiocrement français. Mais je reconnais qu'il y a un sérieux intérêt politique à ce que les affaires collectives ne soient pas toutes concentrées dans les bureaux de la métropole; à ce qu'on se déshabitue de vivre absolument dans sa dépendance, de tout attendre d'elle et de se laisser tout imposer par elle, les grandes choses comme les petites, les chemins vicinaux comme les révolutions.

Il faut marcher dans cette voie, surtout dans un intérêt de paix publique et de stabilité politique ; mais en fait de réforme et de conservation sociale, il faut en même temps demander secours à un autre principe. L'esprit municipal est faible en France ; ce sont les rois qui, au XVIe et au XVIIe siècle, ont surtout réussi à l'affaiblir. L'Assemblée constituante a voulu le ressusciter ; les circonstances étaient défavorables, et l'expérience malencontreuse qu'elle a faite a laissé un fâcheux souvenir après elle. De plus, le pouvoir municipal est comme tous les pouvoirs, passionné pour ses propres attributions, jaloux, ambitieux, envahissant. La liberté personnelle ne me paraîtrait pas beaucoup plus en sûreté sous sa garde que sous celle du pouvoir métropolitain. Je l'avoue même, si je devais être soumis à une puissance discrétionnaire, je préférerais à celle d'un maire celle d'un sous-préfet, à celle d'un sous-préfet celle d'un préfet, à celle d'un préfet celle d'un ministre, à celle d'un ministre celle d'un roi. La liberté n'aura donc pas tout ce qui lui est dû, par cela seul qu'on aura transporté à un maire accompagné d'un conseil municipal toute la plénitude d'attributions qui appartient aujourd'hui aux chefs de bureaux de la rue de Grenelle. Elle a ses réserves à faire contre les uns comme contre les autres : contre l'insouciance, l'ignorance, la routine, le despotisme sténographié d'avance du Parisien, mais aussi contre les petites passions, contre les jalousies, contre les ambitions municipales, contre le despotisme personnel et capricieux des magistrats provinciaux. Faites autant qu'il se peut refluer les attributions de l'Etat sur le département et du département sur la commune, cela est fort bien; mais qu'en définitive il en arrive quelque chose à l'homme, et que la liberté ait sa part de la conquête. Souvenez-vous que dans la lutte et le danger où nous vivons, dans cette défense que nous avons entreprise du droit privé et de la civilisation contre le despotisme et la barbarie, nous avons surtout une chose à faire : maintenir le droit et la liberté de chacun contre la spoliation et la tyrannie imposées au nom de tous. Que cette puissance collective, au moyen de laquelle on veut nous opprimer, s'appelle Etat, département, canton, commune, peu importe en définitive : et les socialistes s'accommoderaient fort bien du despotisme de la commune dès le jour où la commune serait entre leurs mains.

Nous arrivons donc toujours à la même conclusion : chercher le remède dans la liberté, pencher en tout vers la liberté, dirai-je en modérant encore mon expression, pour ne pas être accusé de théories absolues, de système, d'utopie, de logique. Je sais combien ces accusations portent coup aujourd'hui, et je crois pouvoir dire que je suis utopiste, théoricien, logicien, raisonneur absolu moins que personne. C'est en posant à part chaque question que je suis arrivé sur toutes à une conclusion uniforme : et maintenant que j'y suis arrivé, je me rends compte assez clairement, ce me semble, de la nécessité de cette conclusion. Le pouvoir, suivant en cela sa vieille pente originelle et historique, a sur tous les points quelque peu abusé, quelque peu empiété, quelque peu envahi ; et il a donné par là naissance au socialisme, qui n'est autre chose qu'un abus plus complet, un empiètement plus large, un envahissement plus absolu ; qui n'est autre chose que le despotisme total et parfait, au lieu du despotisme partiel et imparfait que l'histoire nous fait connaître : et le socialisme est ainsi devenu le grand danger des gouvernements et des peuples, du pouvoir et de la liberté. Qu'y a-t-il donc à faire que de revenir sur ses pas, que de retirer le mauvais exemple et la mauvaise doctrine dont le socialisme s'est emparé, que de rendre quelque force à la liberté, afin de combattre avec elle l'ennemi commun ?

C'est sans doute là une politique nouvelle; il faut que le pouvoir se consolide en s'amoindrissant; tandis qu'il croyait jusqu'ici, en s'agrandissant, se consolider. Mais il peut juger par son expérience ce que lui a valu une telle marche; comme aussi, par une autre expérience, il peut juger de ce que la monarchie anglaise, en faisant une part plus large à la liberté, a gagné de force, de puissance et de durée. Cette politique, tout le monde la soupçonne, tout le monde l'entrevoit, tout le monde, poussé par un certain instinct, la touche ou par un coin ou par un autre. Ne serait-il pas temps de commencer à l'essayer ?

Les circonstances sont difficiles, je le sais bien ; les événements nous entraînent. Nous suffisons à peine à faire face aux difficultés quotidiennes de la situation. Le politique ne laisse pas de temps au législateur. Mais c'est aussi une question du moment, que cette réforme des lois dont la société a besoin pour se sauver. C'est une question de la semaine, du jour, de l'heure, que cette urgente et impérieuse nécessité de purifier nos institutions, d'en extirper le mal qui y germe, de faire suppurer le venin que les révolutions y ont déposé. Pendant que nous discutons, nos institutions travaillent contre la société et contre nous, la jeunesse est élevée contre la société et contre nous, la société est gouvernée contre nous et contre elle-même.

D'ailleurs, c'est le fait des grands hommes d'Etat et des grandes époques, de suffire à la fois à cette double tâche, aussi urgente l'une que l'autre, du politique et du législateur : de gouverner la société et en même temps de la réformer. C'est au milieu des luttes, de la guerre étrangère et des difficultés intérieures que Charlemagne et Napoléon ont accompli leurs grandes œuvres législatives. Ils n'ont pas attendu le calme, la paix, la sécurité. Ils sentaient que le péril des mauvaises institutions exige un aussi prompt remède que le péril de la révolte ou de la guerre. Ils comprenaient peut-être aussi que les temps de sécurité sont des temps d'oisiveté, que rassuré on s'endort, qu'une fois tranquille on trouve la société parfaite, et qu'on reste insouciant au pied du volcan qui vient de s'éteindre. Les jours de paix sont un don inutile que personne n'a su mettre à profit. Qu'a fait la Restauration de cette situation si pacifiquement triomphante que lui avait donnée l'expédition d'Espagne en 1823? Elle, cependant, a compris, dans sa conscience, le devoir d'en user; mais elle n'a pas trouvé dans l'évidence du danger public les lumières dont elle avait besoin pour en user : elle a essayé de réformer, mais elle a mal réformé. Qu'a fait le gouvernement de Juillet de ces longues années de prospérité qui lui furent données? Rien, vous le savez, et plus on s'éloignait des jours d'orage, plus la devise du *rien* était mise en pratique, plus grande était l'impuissance de réformer : cette impuissance n'était autre que celle de l'homme qui s'endort. C'est, au contraire, la gloire du Consulat, d'avoir mené de front la lutte contre les partis et la lutte contre les lois, d'avoir fait le Code civil au bruit du canon de Marengo et de l'explosion du 3 nivôse. La sécurité est aveugle et inintelligente; le danger public est plein de lumières : il rasseoit le sens des nations, il déchire leurs illusions, il met leurs plaies à nu. Nous sommes maintenant à une de nos heures de raison; profitons-en.

Je sais qu'il faut faire violence à bien des habitudes. Les dix-huit années du dernier régime ont été pour les hommes d'Etat l'apprentissage d'une certaine vie d'intrigue parlementaire au delà de laquelle ils ont été trop accoutumés à ne rien voir. Que devenait la société? Que pensait le peuple? Quel mal était au fond des lois ? Quelle réforme demandait le besoin public? Il y avait bien autre chose à faire que d'y penser : un portefeuille à saisir, une majorité à capter, un vote à enlever, un discours à faire, un amendement à éluder. La Chambre était devenue ce qu'était le roi au XVIIe siècle : une puissance souveraine sur la force et le maintien de laquelle nul doute ne se présentait dans les esprits, autour de laquelle tout devait graviter, de laquelle on devait tout attendre, autour de laquelle rayonnaient toutes les ambitions, toutes les intrigues, toutes les pensées ; qui existait par elle-même et pour elle-même ; que la grande affaire était, non pas de diriger, mais de satisfaire ; non pas d'inspirer, mais de gagner ; non pas de plier au service de l'Etat, mais de servir comme étant elle-même tout l'Etat. Pour les hommes politiques de ce temps, le monde tout entier était au Palais-Bourbon, comme, pour les courtisans de Louis XIV, le monde tout entier était à Versailles. Aussi, jamais luttes parlementaires ne furent plus stériles. Il y avait des discours magnifiques, de belles pensées, des tournois oratoires, comme on disait, qui ravissaient les étrangers. C'étaient d'admirables tours de force, d'autant plus qu'après avoir entendu les orateurs, on se demandait presque toujours sur quoi ils avaient disputé et quelle était la différence des principes de l'un aux principes de l'autre. Tout le monde, il est vrai, savait le mot de cette énigme : l'objet véritable de cette insaisissable dispute n'était autre qu'un portefeuille ; et, de pareilles discussions, en effet, aucun résultat ne sortait, si ce n'est le passage du portefeuille d'une main dans une autre.

Sous la Restauration, du moins, la polémique n'avait pas montré ainsi à nu son caractère personnel : il y avait eu deux partis en face l'un de l'autre et deux principes contraires ; les institutions avaient été discutées, les réformes appelées ; on était allé au fond des choses et on avait pensé un peu au besoin public. Mais sous le gouvernement de Juillet, il y avait toujours des partis hors du Parlement, nous l'avons trop bien vu ; dans le Parlement, il n'y avait plus de partis, et cette double situation était un grand malheur. Il y avait deux, trois, quatre coteries, désignées par des noms propres et n'ayant, en effet, que des noms propres pour drapeau ; ambitieuses de parvenir, non de gouverner ; faisant toutes la cour à une même majorité, flattant les mêmes intérêts, respectant les mêmes abus, se promettant de gouverner de la même façon, pensant à s'approprier les institutions, non à les changer ; intriguant, manœuvrant, luttant de finesse, de dextérité, de beau parlage, autour de ce maître unique et tout-puissant : la Chambre des Députés.

Mais aujourd'hui ne pas comprendre que ce temps est fini, que nulle Assemblée n'est un maître tout-puissant, que les finesses ne servent plus, qu'escamoter ou éluder un ordre du jour n'est rien, que les habiletés parlementaires s'exercent en pure perte, que ce n'est plus le temps de la tactique constitutionnelle, mais de la politique grande, sérieuse, ouverte, hardie ; continuer les mêmes ruses et les mêmes manœuvres en présence des immenses et effrayantes questions qui sont ouvertes, en présence des partis les moins parlementaires et les moins constitutionnels qui aient jamais existé, en présence des principes les plus ouvertement antilégaux et antisociaux qui jamais aient été proclamés ; faire ce métier d'homme de cour au milieu d'une révolution ; jouer ce rôle d'avocat en temps de guerre ; s'occuper de ce jeu d'enfants lorsque la querelle est si sérieuse : ne serait-ce pas la plus énorme faute et la plus funeste ?

Comment les hommes qui aiment la tribune et la presse, qui ont vécu, qui ont grandi par elles, qui leur doivent leur importance et leur gloire, qui avec elles peuvent être tout et sans elles ne seront plus rien, ne s'inquiètent-ils pas de l'avenir qui peut attendre la presse et la tribune ? Quels grands services nous a rendus jusqu'ici la liberté politique ? Que lui devons-nous de reconnaissance ? Quel prix devons-nous mettre à la conserver ? Si le but de la liberté politique ce sont les beaux discours, les articles insérés dans les journaux, la fortune, la gloire, la célébrité d'un certain nombre d'hommes orateurs ou écrivains ; nous n'avons rien à dire ; nous sommes à cet égard servis à souhait. Le journalisme et la tribune ont en France un éclat, une gloire littéraire, une puissance de talent qu'ils n'ont nulle part ailleurs. Jamais peuple n'a produit tant de beaux discours, tant d'alinéas éloquents, tant d'hommes admirables par la parole et par la plume. Mais si le but de la liberté politique c'est le salut et l'amélioration de la société ; si la liberté politique n'est, comme je le pense, autre chose que la gardienne de la liberté civile et n'a de prix que par ce qu'elle garde, a-t-elle si bien atteint son but ? A-t-elle porté de si beaux fruits ? Lui devons-nous tant de gratitude et tant d'amour ?

La liberté politique en France a un grand malheur : c'est d'être née de la révolution, et, par suite, de n'avoir guère servi qu'à la révolution. Un mauvais esprit a presque toujours dirigé son développement. Ce qu'on a cru gagner pour la liberté politique, c'est bien plutôt pour la révolution qu'on l'a gagné. Que la première conception d'un gouvernement représentatif renfermât, au moins en germe, l'idée de la souveraineté populaire ; que ce germe se soit développé forcément, naturellement, logiquement ; que ce développement, hâté encore par des faits accidentels, ait abouti, comme perfection dernière, au suffrage universel et absolu : je ne m'en étonne ni ne m'en afflige outre mesure. Mais quelle fatalité a toujours associé pour nous la pensée révolutionnaire et la pensée constitutionnelle ? nous a fait chercher et rencontrer, dans le progrès des institutions libres, un aide à toutes les révolutions ? Pourquoi, dans le développement de ces institutions, avons-nous toujours affecté les formes les moins rassurantes pour la stabilité des nations ? Pourquoi avons-nous toujours choisi les conditions qui, en agrandissant la souveraineté du corps électoral, rendaient en même temps cette souveraineté moins sûre d'elle-même, moins maîtresse de ses actes, moins éclairée, plus facile à égarer, plus difficile à conduire ? Par un accord presque unanime, nous avons repoussé le double degré d'élection, c'est-à-dire que nous avons appelé la masse des citoyens à se prononcer sur le mérite, non d'un voisin qui lui est connu, mais d'un étranger qu'elle ne connaît pas : et nous avons crié, en faisant cela, au progrès dans la voie constitutionnelle. Nous avons rejeté bien loin de nous l'idée d'une seconde Chambre, modératrice utile et en même temps bien peu redoutable, des effervescences du suffrage universel : et nous avons estimé cela un second progrès. Nous avons également admis ce que nous appelons le scrutin de liste, c'est-à-dire que le citoyen, le paysan et l'ouvrier, auquel il était déjà bien difficile de choisir un député en connaissance de cause, s'est trouvé appelé à en choisir huit, dix, vingt, trente : et nous avons trouvé que la sincérité du système représentatif en était d'autant plus parfaite. Nous avons reporté l'âge du vote de trente ans à vingt-cinq, puis de vingt-cinq à vingt et un : et chaque fois que nous avons accru ainsi le nombre des électeurs imberbes, nous avons pensé faire merveille. Nous avons enfin rejeté le vote à la commune ; en d'autres termes, nous avons dépaysé l'électeur, nous l'avons éloigné des influences qu'il connaît, qu'il accepte, et qui, par conséquent, ne sauraient devenir tyranniques, pour le jeter en pâture à toutes les influences soudaines, brusques, irréfléchies, étrangères, qui pourront le saisir à l'entrée de la salle et lui ôter la liberté de son jugement : et le parti qui se dit avancé a chanté victoire après ce beau succès. En un mot, nous n'avons pas fait un pas dans la voie constitutionnelle qui ne fût un pas dans la voie révolutionnaire. Nous avons jugé, ce semble, que la souveraineté du peuple était d'autant plus parfaite que le peuple jugeait en moindre connaissance de cause ; nous avons cru faire de lui un souverain plus absolu chaque fois que nous en avons fait un souverain moins éclairé. Et remarquez que la révolution, à cet égard, connaît parfaitement et pratique parfaitement bien son intérêt : il lui faut à elle le peuple souverain, mais il lui faut aussi le peuple corruptible, susceptible d'entraînement, ouvert aux séductions, facile, en un mot, à égarer; il faut pour elle que la puissance du peuple soit grande, mais à la condition qu'elle soit aveugle.

Et aujourd'hui où nous sommes arrivés à ce que nous croyons être la perfection du suffrage universel, comment personne ne se demande-t-il de quel droit la femme et l'enfant mineur en sont exclus? Qu'on ne fasse pas appel à leur jugement moins éclairé, je le comprends, bien qu'on recherche peu, ce me semble, les lumières dans le corps électoral; mais qu'on ne tienne compte ni de leur droit qui est aussi précieux, ni de leur intérêt qui est aussi grave que tout autre, c'est chose toute différente. Dès qu'il ne s'agit plus, comme sous l'empire du cens électoral, de s'adresser à un corps choisi auquel la loi supposait de plus grandes lumières personnelles, dès qu'il s'agit seulement de rendre à chacun ce qui lui appartient, ce qui représente sa part d'intérêt dans la chose publique; de quel droit la liberté, le patrimoine, la vie, l'honneur de vingt-six millions d'êtres humains qui courent comme nous toutes les chances des révolutions, ne pèsent-ils en rien dans la balance électorale? Ils ne peuvent voter, je le sais bien; mais ils auraient parmi ceux qui votent leurs représentants naturels, légitimes, nécessaires: maris, pères, tuteurs. Et c'est, je l'avoue, une chose qui passe complètement mon intelligence, que cette notion de justice, de droit et d'égalité, en vertu de laquelle l'homme le plus intéressé à la chose publique par le nombre de têtes qu'il joue forcément au terrible jeu des révolutions, le père de famille qui sent dépendante de son vote l'existence des êtres qu'il aime plus que lui, ne compte pas plus dans l'urne électorale que le premier polisson de vingt et un ans, qui ne tient à rien ni à personne, qui ne compromet point l'avenir d'une famille, qui ne joue autre chose que sa faible tête et ne sait pas même qu'il la joue. Puisque nous marchons dans la voie du suffrage universel, voici un dernier progrès à faire dans cette voie: c'est de proportionner l'influence de chaque votant au nombre de têtes qu'il a le malheur d'exposer avec la sienne; c'est de faire représenter une nation de trente-six millions d'hommes, je ne dis pas par trente-six millions de votants, mais par trente-six millions de suffrages. Il y aurait justice, il y aurait libéralisme à le faire, il y aurait un véritable hommage à la notion de l'égalité: il y aurait en même temps protection pour l'ordre social; car ce serait remettre à son rang la portion du corps électoral la plus amie de l'ordre, et lui donner la part plus grande d'influence qui lui revient légitimement. Sans doute, tout cela est si loin des habitudes et des données actuelles, de ce type révolutionnaire que nous avons accepté pour la société, que tout cela choque au premier abord. Réfléchissez-y pourtant, cela ne serait-il pas juste, légitime, profitable à la paix publique? Mais non, nous sommes trop habitués à servir, même malgré nous, les intérêts de la révolution; nous avons décidé que le principe de l'élection est d'elle, qu'il est à elle, qu'il ne doit se développer que dans son sens et à son profit. Une loi d'élection qui ne sera pas une loi révolutionnaire ne nous paraîtra jamais un progrès.

Ce que je dis de l'élection, je le dis de la presse. Nous n'avons jamais su faire de la presse qu'un instrument de révolution. Les gens de bien n'en usent pas ou en usent mal. Les révolutionnaires seuls savent s'en servir: et pour m'en tenir au moment actuel, c'est pour moi un des plus effrayants symptômes de la situation, que cette impuissance avouée, acceptée même par la presse modérée. Elle passe son temps à gémir, non pas à combattre; elle se plaint de la propagande hostile qui se fait contre la société; elle dénonce les manœuvres socialistes, ces feuilles qui se vendent un sou et que lit le dernier ouvrier, ce colportage qui fait circuler jusque dans les hameaux les plus reculés la prose de M. Proudhon, cette activité des émissaires montagnards qui inondent le pays, infectent le dernier village, fréquentent les foires et les marchés, circulent partout et portent partout leur venin, sous l'habit du facteur rural, de l'agent des contributions, du conducteur des ponts-et-chaussées, du maître d'école. Mais, à votre tour, que n'en faites-vous autant? que n'imitez-vous pour le bien cette activité pour le mal? Que n'avez-vous des feuilles à un sou pour l'ouvrier? Que ne répandez-vous vos brochures conservatrices dans les foires, sur les marchés, dans les chaumières? Que n'avez-vous, ou par dévouement ou par argent, des missionnaires aussi actifs que ceux que paye ou ne paye pas le socialisme? Vous invoquez la police contre ses manœuvres; mais invoquer la police, n'est-ce pas confesser votre propre impuissance, l'impossibilité où vous êtes de soutenir la lutte, l'absence de forces, d'argent ou de dévouement qui vous empêche d'imiter les efforts des révolutionnaires, même en ce qu'ils ont d'honnêtement imitable? C'est encore ici la même chose: la presse est faite pour révolutionner et pour détruire. Elle ne servira pas, nous n'admettons pas qu'elle puisse servir à autre chose. Nous avons fait usage de la presse quand nous étions nous-mêmes révolutionnaires, quand nous voulions combattre, détruire, jeter à bas; et maintenant, nous en servir dans un sens opposé, pour défendre, pour maintenir, pour édifier, la pensée ne nous vient même pas que ce soit possible!

Et enfin, il faut bien compter parmi nos institutions constitutionnelles, puisque nous l'avons toujours comptée ainsi, une institution qui, à vrai dire, n'est guères constitutionnelle : je veux parler de la garde nationale. Nous avons dénombré au nombre de nos libertés le droit de monter la garde et d'obéir au sergent-major ; à chaque révolution, en nous proclamant libres une fois de plus, nous reprenons avec un nouvel éclat le fusil et l'uniforme, et nous recommençons en signe d'indépendance à passer des nuits au corps de garde. Toute l'Europe a suivi notre exemple, et nul peuple n'aurait cru devenir un peuple constitutionnel s'il ne se fût immédiatement transformé en soldats. Avec la presse libre, avec le jury, avec le suffrage électoral, la garde nationale elle aussi est en train de faire le tour du monde. L'Angleterre seule, ce vieux pays de liberté, n'a pas souci de cette liberté-là. Elle a quelque peine à comprendre que ce soit le propre d'un citoyen libre, et son privilège au-dessus du sujet d'un prince absolu, de faire le soldat en même temps qu'il paye des soldats. Elle trouve même cette liberté fort dangereuse ; il lui semble que lorsque les citoyens sont armés de la presse, du *meeting*, du vote, de la tribune, ils doivent au moins être désarmés du fusil ; que les lancer dans les voies de la polémique incessante, de la lutte perpétuelle des partis, et en même temps leur mettre le sabre en main, c'est s'exposer de gaîté de cœur à voir d'un jour à l'autre la lutte parlementaire se transformer en lutte militaire, la bataille de plume devenir une bataille sanglante, la tribune enfanter les coups de fusil. C'est, en d'autres termes, préparer d'avance l'insurrection, c'est constituer un pays pour la guerre civile : chose dont l'Angleterre ne se soucie pas le moins du monde.

C'est pourtant ce que nous avons fait ; et l'Assemblée constituante, quand elle a établi la garde nationale, a franchement avoué qu'elle voulait en faire une tutelle armée pour sa Constitution, dans le cas où quelque monarque, puissant par des victoires au dehors, voudrait tenter de ravir à la nation sa liberté. Il était impossible de prévoir plus ouvertement, de préparer d'une manière plus complète, d'appeler plus témérairement la guerre civile. Par le seul fait du gouvernement populaire, on constituait le pays dans un état fondamental de lutte contre lui-même, on ouvrait l'arène aux partis : et en même temps, dans la peur que ces partis ne s'en tinssent aux pacifiques querelles de la tribune et de la presse, on leur faisait cadeau d'un million de fusils. La liberté ainsi entendue, c'est la liberté des sauvages de l'Amérique, qui délibèrent le tomahawk à la main, et, quand ils sont à bout d'arguments, se cassent la tête les uns aux autres. C'est ce qui n'a pas manqué de nous arriver. La France a passé bien vite du gouvernement de la presse et de la tribune au gouvernement du fusil et de la pique. Une nation en armes ne discute point, elle se bat.

La garde nationale, en plusieurs circonstances, je le sais bien, a été utile, salutaire, nécessaire. Nécessaire, sans doute, comme le remède après le mal ; comme le remède violent et révolutionnaire d'une situation qu'on avait faite à plaisir révolutionnaire et violente. Les pistolets que je prends sur moi dans un pays infesté de voleurs armés me sont fort utiles, je le sais bien. Mieux vaudrait cependant que la police fût bien faite, que les voleurs fussent réprimés, qu'ils n'eussent pas d'armes entre les mains, ni moi non plus. Une société civilisée ne donnerait de fusils à personne : la nôtre en donne, et donne même les meilleurs à l'émeute ; c'est bien le moins qu'elle en laisse quelques-uns aux honnêtes gens. C'est la barbarie avec ses moyens de salut, parce que c'est la barbarie avec ses dangers.

Et de plus, quelle tutelle précaire, quelle arme incertaine, quel périlleux et infidèle soutien que cette garde nationale ! Lorsque les révolutions sont récentes, que les pouvoirs sont nouveaux, que l'abîme de l'anarchie est là tout ouvert, qu'on entrevoit le risque de se trouver sans gouvernement, elle soutient le pouvoir et l'a parfois sauvé. Mais que la révolution commence à s'éloigner, que le pouvoir vieillisse, que le terrorisme et l'anarchie, toujours facilement oubliés, retombent pour l'esprit des bourgeois à l'état de chimère, la garde nationale sera molle, paresseuse, frondeuse, hostile, révoltée. Elle a sauvé Paris en 1814 et 1815 ; en 1830, elle l'a jeté dans une révolution. De 1830 à 1834, elle a hardiment soutenu Louis-Philippe ; en 1848, elle l'a déserté. Aujourd'hui la voilà déjà qui se refroidit. Voyez la progression : vaincue en Février par ses propres mains, moralement anéantie par l'écrasante journée du 17 mars, elle se relève au 16 avril avec un accord, un élan, un enthousiasme sans exemple ; au 15 mai, pareil enthousiasme et pareille ardeur, mais à un degré un peu moindre ; au 23 juin, elle est plus tardive, mais elle est brave ; au 29 janvier, elle se montre, mais froidement ; au 13 juin, elle est en majorité absente, en bonne partie indifférente, pour une certaine portion hostile. La prochaine fois, qu'arrivera-t-il ? Ça été un bien utile parfois, mais c'est toujours un redoutable auxiliaire. On ne l'appelle qu'avec crainte : quand le pouvoir fait battre le rappel, c'est en tremblant qu'il donne cet ordre ; il ne sait pas s'il rassemble des légions d'amis ou d'ennemis.

Voilà donc ce que sont pour nous tous nos libertés constitutionnelles : des instruments de révolution. Et c'est pour cela, comme je l'ai fait pressentir plus d'une fois, que la liberté politique et la liberté personnelle ont chez nous si peu marché du même pas. L'une s'est développée, l'autre est demeurée stationnaire. C'est que la révolution avait besoin de l'une, et que par sa nature elle déteste l'autre. Ce sont deux choses fort distinctes que les droits du citoyen et l'indépendance de l'homme. Nous avons accru la souveraineté du vote, l'audace de la presse, l'impunité du club, la facilité de l'émeute, en d'autres termes la toute-puissance des majorités ou réelles ou apparentes ; parce que la révolution comptait bien se servir de ces majorités, et savait parfaitement qu'une fois maîtresse, elle les briserait sans aucune peine. Nous n'avons au contraire rien ajouté ni à la liberté de la personne, ni à la liberté du patrimoine, ni à la liberté de la conscience ; parce que la révolution se sent profondément inconciliable avec cette triple liberté, et que ce qu'elle méconnaît le plus au monde, c'est le libre arbitre. Dans les querelles parlementaires, l'opposition la plus ardente n'a jamais poussé qu'au développement de la liberté politique ; pour la liberté personnelle, elle n'en a parlé qu'en passant et pour la forme ; elle a eu peur que le pays ne s'y attachât, et que, parvenue à son tour aux affaires, elle ne fût obligée de la lui donner. Les hommes les plus avancés, comme on dirait, ont été même les plus hostiles à cette liberté, les plus amis des prétentions universelles de l'Etat, les plus favorables à l'agrandissement de son domaine ; pour parler franchement, les plus voisins du despotisme. M. Dunoyer, dans le travail de 1847 que je citais plus haut, le disait avec grande raison : « Je n'accuse pas en particulier de cette tendance à agrandir les attributions de l'Etat le parti qui est actuellement aux affaires. Tout au contraire, elle est plutôt plus forte chez ses adversaires que chez lui. Ce qu'on appelle le tiers-parti y serait plus porté encore que le parti ministériel ; l'opposition de gauche à son tour irait encore un peu plus loin ; les républicains nous laisseraient probablement un peu moins de liberté que l'opposition de gauche ; et ceux qu'on nomme socialistes nous en raviraient incontestablement la plus forte part. » Nous en savons quelque chose aujourd'hui.

Quant à moi, quand je vois combien peu la liberté politique en France a rempli son but ; combien peu elle a développé et de sentiment et de fait la liberté réelle ; comment entre les mains des plus honnêtes gens elle n'a guères été qu'un instrument d'ambitions, d'amours-propres, de rivalités personnelles, et n'a servi qu'un manége parlementaire ; comment elle n'a guères été puissante, sinon pour détruire, utile, sinon aux factieux, efficace, sinon pour les révolutions ; comment, au lieu d'être pour nous comme pour l'Angleterre la plus sûre garantie de paix et de stabilité, elle a été l'arme la plus commode pour le bouleversement : je me prends à me dégoûter d'elle, et je commence à croire que l'instrument ainsi perverti sera bientôt brisé.

D'un côté, en effet, si les révolutionnaires doivent triompher, la liberté politique périra comme toute liberté. Le parti révolutionnaire a cela d'admirablement commode pour lui, que les barrières les plus fortes, celles derrière lesquelles il résistait invinciblement à son ennemi, tombent d'elles-mêmes quand il le veut et ne sauraient tenir un instant contre lui. Ce sont des remparts dont on voudrait faire usage contre la place elle-même, du côté où l'accès en est facile, où aucun fossé ne les garantit, où leurs batteries ne portent pas : ils ne tiennent pas contre le moindre assaut. Résistez donc à Robespierre au nom de la liberté électorale ! opposez la presse libre au comité de salut public ! combattez les Jacobins avec ce vieil arsenal qui en leurs mains était invincible ! il ne les arrêtera pas une minute. Ce ne sont pas seulement des armes dont ils se sont servis et qu'ils brisent ; ce sont des armes qui se rompent et s'anéantissent par le seul fait de leur victoire : c'est un charme qui se rompt, un enchantement qui cesse au coup de baguette. Il est entendu d'avance pour tout le monde que, les révolutionnaires une fois victorieux, toute charte, toute constitution, toute liberté tombe de droit ; il n'y a pas plus alors de liberté politique que de liberté personnelle ; pas plus de majorité légale, pas plus de souveraineté électorale, pas plus de presse, pas plus de droit de réunion, qu'il n'y a de liberté individuelle, qu'il n'y a de franchise pour la conscience, qu'il n'y a de sécurité pour le patrimoine. En pareil cas, il faudra donc faire son deuil complet de la liberté constitutionnelle, tout le monde le sait.

Et d'un autre côté, si le parti honnête doit avoir le dessus, pouvons-nous espérer encore que ce sera par la liberté constitutionnelle ? C'est l'affaire de ceux qui manient par état cette liberté, de confirmer en nous et d'accomplir cette espérance. M'est-il permis de leur dire à tous, avocats, députés et journalistes, que l'humble peuple de clients, d'électeurs et d'abonnés, qui jusqu'ici les a docilement suivis, croit avoir droit d'attendre d'eux beaucoup, et ne s'imagine pas encore avoir tiré grand fruit de leur labeur? M'est-il permis de leur dire que dans cette attente et ce désir toujours retardé, il ne laisse pas que de tourner les yeux d'un autre côté, et de soupirer par moments pour la dictature?

Il y a surtout une forme de dictature, populaire en notre pays, et qui, à mes yeux, est de toutes incontestablement la meilleure, la plus rassurante, la plus libérale : je veux parler de la dictature militaire. Nous avons tous un faible pour le gouvernement de l'uniforme, et ce faible ne laisse pas que d'être justifié. Donnez le pouvoir suprême et absolu à des avocats : et vous aurez le despotisme le plus tracassier, le gouvernement le plus partial, l'arbitraire le plus passionné qui se puisse imaginer. Donnez ce même pouvoir à un général : et vous aurez sans doute un gouvernement sévère, préoccupé de sa propre sûreté et lui sacrifiant tout, faisant de la justice en gros et ne se tourmentant pas trop de quelques iniquités de détail ; mais en même temps un gouvernement plus froid, plus calme, moins passionné ; le gouvernement d'un homme qui a l'habitude de manier le pouvoir discrétionnaire, et auquel une puissance absolue mise en ses mains ne trouble pas la tête, n'allume pas les passions, n'inspire pas mille soupçons, mille peurs, mille inquiétudes. Si votre pays ou votre village doit être sous la loi d'un maître absolu, n'aimerez-vous pas mieux que ce maître soit un général plutôt qu'un préfet, un capitaine plutôt qu'un juge de paix, un caporal plutôt qu'un maire de village? Pour ma part, mon choix est tout fait. Sous un dictateur civil, il n'y a de liberté d'aucun genre ; le despotisme pense à tout, s'inquiète de tout, se mêle de tout, envahit tout. Sous un dictateur en épaulettes, une certaine liberté est possible : avec cette netteté et cette simplicité droite de l'esprit militaire, le pouvoir ne voit qu'une chose, la sûreté publique à maintenir ; calmez ses soupçons sur ce point, prouvez-lui que vous êtes un citoyen paisible, ne parlez pas politique ; il vous laissera libre sur tout le reste.

En vérité : si une dictature pareille devait être imposée à notre pays ; s'il était possible qu'elle fût assez intelligente pour faire d'elle-même une certaine part au libre arbitre de l'homme ; si elle se contentait de supprimer le vote, la presse, la tribune, le club, l'émeute, et ne touchait pas à cette liberté non politique, dont j'avoue que je suis mille fois plus jaloux, à la souveraineté de notre vie privée, à la sécurité de notre foyer, au libre arbitre dans l'éducation de nos enfants, à la franche administration de notre patrimoine, à l'indépendance de notre Eglise, au gouvernement suprême de notre conscience ; si, tout en faisant avec une autorité sans bornes la police de l'État, elle nous laissait le reste, et ne prétendait pas faire la police de notre vie, de notre chez-soi, de notre conscience, de notre bien; si, gouvernant beaucoup plus, elle administrait un peu moins, et, en compensation de ce que nous lui abandonnerions de droits et de liberté politiques, laissait refluer vers la province, vers la commune, vers l'individu, quelques-unes de ces mille attributions administratives et domaniales dont un gouvernement en frac a grand souci et qu'un gouvernement en épaulettes estime médiocrement; si, ne se mêlant pas de mille petites affaires, de mille querelles locales, de mille passions domestiques, qui sont pour un pouvoir civil objet de préoccupation, d'agitation, d'intervention tracassière, d'empiétement, elle passait à travers tout cela avec le sang-froid et la neutralité de l'uniforme; si un gouvernement pareil pouvait nous être donné: je connais beaucoup d'honnêtes gens qui se soumettraient avec assez de résignation à son empire. Ils aliéneraient entre ses mains leur droit de suffrage, qui ne leur servira bientôt plus, pensent-ils, qu'à protester par un vote impuissant contre une opinion pervertie. Ils renonceraient à leur part dans la liberté de la presse, qui consiste à subir chaque matin la lecture des plus odieux mensonges et des plus ignobles invectives contre tout ce qu'ils respectent et qu'ils aiment. Ils sacrifieraient même les chances faibles et peu appréciées qu'ils ont à arriver à la Chambre et à monter à la tribune. Ils remettraient sans trop de douleur au commandant de leur département leur fusil de garde national avec lequel, aux jours d'émeute, ils paraissent inutilement sur la place publique, rares défenseurs de l'ordre, tandis que le grand nombre reste chez soi, paresseux, insouciant, frondeur, révolutionnaire. Ils consentiraient à être moins libres sur la place publique, afin d'être plus libres de cœur et plus paisibles dans leurs foyers.

Sans aucun doute, notre gloire littéraire perdrait beaucoup à ce changement. Il n'y aurait plus de si belles harangues, ni une si admirable variété de talents dépensés dans les journaux. Les journalistes seraient réduits à faire des vaudevilles, et les hommes politiques écriraient l'histoire. Les avocats, descendus de la tribune, plaideraient des questions d'hypothèque. Mais ne sommes-nous pas rassasiés de gloire littéraire? N'avons-nous pas de harangues et de premiers-Paris tout ce que notre admiration peut en porter? Et tant de révolutions se sont-elles faites, tant d'institutions ont-elles été renouvelées pour n'avoir de résultat et de fruit que de former dans notre pays une branche nouvelle de littérature?

La liberté politique, je le crains bien, finira par être prise dans un étau. Plus nous avançons et plus l'alternative semble prochaine entre le mal extrême du socialisme et le remède extrême de la dictature. Dans peu de mois, peut-être, les institutions constitutionnelles, toujours prises et toujours employées chez nous en mauvais sens, auront achevé d'opérer; la presse révolutionnaire, qui ne rencontre dans la police qu'un faible obstacle, dans la presse opposée pas même un contre-poids, aura accompli son effet : une majorité légale sera prête à éclater en faveur du socialisme. Que faire alors? et, si l'on ne veut pas s'envelopper stoïquement de son manteau, et demeurer en fataliste sur le bord de cet abîme qui s'agrandit sans cesse et à chaque instant fait écrouler son rivage; si on ne se résigne pas absolument à se laisser entraîner, et avec soi toute civilisation, toute dignité humaine, toute liberté; à quel remède avoir recours, sinon à la dictature?

La dictature alors serait légitime. Je respecte la souveraineté du peuple, ou plutôt la souveraineté de la majorité, non comme une théorie vraie absolument, mais comme une loi de mon pays, et aussi comme le principe nécessaire de tout pouvoir chez un peuple où les pouvoirs antiques sont éteints. Mais en quelque sens qu'on l'entende, la souveraineté de la majorité, comme toute souveraineté, a ses limites. Je respecte aussi la liberté de mon voisin, et le droit absolu qu'il a sur ses actions privées; cependant, si je le vois enjamber le parapet pour se jeter dans la rivière, je le prends au collet et je le mène au corps-de-garde. La souveraineté de l'homme sur lui-même ne va pas jusqu'au suicide. La souveraineté du peuple ne saurait non plus aller jusque-là. Que le peuple ait le droit de changer indéfiniment ses institutions, je le veux bien; qu'il passe, tant qu'il le voudra, de la république à la monarchie, et de la monarchie à la république; qu'il épuise, dans son inconstance, toutes les manières d'être possibles pour une nation civilisée : je l'admets. Mais qu'il puisse, de gaîté de cœur, abdiquer tout ce qui est honneur, dignité, civilisation, vertu, Christianisme; qu'il inaugure dans son sein la barbarie, et décrète le vandalisme à titre de constitution : il n'est pas de nation ni de souverain dont le droit absolu puisse aller jusqu'à un pareil assassinat ou un pareil suicide. Peuple ou roi, le souverain qui se conduit ainsi est un aliéné, et quiconque a le poignet assez fort a le droit de lui mettre la main sur le collet.

Il est donc bien temps que ceux qui ont la liberté constitutionnelle en leurs mains pensent à la sauver en la rendant utile. Il est temps que la liberté politique, qui n'est après tout que la liberté des avocats, des journalistes et des députés, serve à la liberté personnelle, qui est la liberté de tout le monde. Elle a grand besoin de se faire pardonner et de se faire aimer. Elle a grand besoin de devenir un instrument de paix, de stabilité, de résistance, pour nous comme elle l'est pour l'Angleterre. Elle n'a été trop souvent qu'un instrument de trouble, de désordre, de révolution ; il est temps qu'elle ne travaille plus seulement pour elle-même, mais pour tous, et qu'elle se hâte de produire le bien, le bien réel, positif, durable. Autrement, la cognée, je le crains, est déjà bien près de la racine, et il en sera d'elle comme de l'arbre de l'Evangile, qui, faute d'avoir produit de bons fruits, a été abattu et jeté au feu.

www.ingramcontent.com/pod-product-compliance
Ingram Content Group UK Ltd.
Pitfield, Milton Keynes, MK11 3LW, UK
UKHW022122190726
13855UKWH00003B/1011

9 782013 065771